U0073628

高智晟

中國的良心、勇氣與脊樑

韓亦言 編著

前言

我早就想編著一本關於高智晟先生的書。在我根據還未發表的高智晟的家書《爸爸的故事》編寫的一系列獨立的故事發表，並承蒙讀者們的喜愛之後，這種感覺越來越強烈。今天很高興，這個願望實現了。

眾所周知，高智晟先生在 2017 年 8 月 13 日再次被失蹤，當時全球十分關注，加上又是在他的著作《2017 年，起來中國》發表之後。同年 11 月，我非常榮幸地在電子郵件中收到了高智晟寫的家書，書稿註明其完成的日子是 2014 年 12 月 26 日。這裡我要首先感謝高先生的家人對我的信任。在看完了全部書稿後，我最初想將其翻譯成英文，原因是高先生是寫給他的子女，尤其是兒子天昱的（儘管家書的內容具有普遍的社會和教育意義），我判斷，當時天昱要理解書中的中文字及其意思是太難了。但是，那本書稿一共約有 22 萬字之多，其翻譯的工作量很大而我自己有一份全時工作。所以在翻譯了前面幾節後就沒有繼續進行。時間到了高先生被失蹤的第四個年頭的 2021 年，我感覺將高智晟在家書中給他孩子們講述的故事釐清整理成一系列獨立而又通俗易讀的故事公開發表是有意義的，這對世界持續關注和聲援他以及他的家人是有幫助的。高先生的太太耿和同意了我的想法，於是就有了在大紀元文化網「現代散文」欄目登載的故事系列。這些故事就組成了本書的第

一部分，其中加了一篇我剛寫好的高智晟與耿和的愛情故事。

　　本書的其餘部分收集了一些重要的文獻資料，包括高智晟先生對他母親的追思、耿和對她丈夫 20 年來為中國民眾的抗爭與追求的總結、他的女兒耿格為中國的公平和正義的公開呼籲、自由亞洲電台「心靈之旅」訪談節目主持人張敏對耿和的採訪、希望之聲國際廣播電台齊玉關於高智晟的播報，以及胡平和已故的力虹先生對高智晟的評價等等。同時也加入了我的幾首吟誦高智晟的父母與他本人的詩歌。

　　在 2021 年的宗教自由峰會上耿格接受採訪時，談到了她的父親在 2017 年被失蹤前與她最後的一次通話時告訴她的一個夢。高先生是一位非常虔誠的基督徒，說那個夢是上帝給他的一個景象。夢中有一位小女孩要借他的鋼筆，說用了以後會再還給他。他把夢解釋成他可能又會被失蹤。果不其然，高先生在那次通話後就被失蹤了，至今杳無音訊。高智晟先生說過，歷史是上帝的手筆。我相信，高智晟在通話中試圖告訴他的女兒，並讓她轉告我們每一個依然享有自由的人，接過他手中被中共剝奪了的筆，勇敢地為被中共迫害的團體或個人發聲與伸張正義，繼續為中國的人權與公平正義呼喊與抗爭。

　　韓亦言 於英國

　　2023 年 8 月 13 日

3

高智晟──中國的驕傲

　　我在中國大陸的環境下長大，小時候也崇拜英雄，但遺憾的是多少年以後才知道，那心中一直以來認爲的所謂英雄很多很多都是假的，是中共樹立的假英雄。而那自古以來的眞英雄，我們知道的卻寥寥無幾。比如說，你雖然知道岳飛、文天祥、辛棄疾等等這些民族英雄的大名，但他們精忠報國、忠肝義膽的事蹟和偉大人格我們卻知之甚少，教科書裡很少看到。當然願意讀書而又有特殊條件的孩子除外。可我們小時候不是不願意讀書，而是沒有書讀。所以課本裡說什麼，我們就信什麼。

　　高智晟小時候就是一個願意讀書，卻沒有書讀的孩子。有一個故事：1970 年的中國新年，大年初一高智晟全家人吃了一頓蘿蔔絲餃子。他的父親「大致是想提振一下氣運，餃子裡破例地包進去五個一分的硬幣」，高智晟極其幸運，吃到了其中的兩個。他又用這兩個一分錢和同村的小夥伴們玩「競博」遊戲，二分錢翻了四倍，他有了八分錢，這八分錢對六歲的高智晟來說那眞是一筆巨大的財富，一年來他精心看護著這八分錢，把錢「終日裝在身上，連夜裡也爲這筆財富的安全而害怕」。我想，他一定也爲有這八分錢而自信和驕傲。

　　一個小夥伴告訴高智晟說，「八分錢可以買到一個熟雞蛋，或是十六塊水果糖，或是兩張果丹皮」。他強忍了對熟雞蛋、水果糖

以及果丹皮已經產生了的渴望，他要擁有一本屬於他自己的小書。因為他在同村的另一個孩子那裡見過一本小人書。那個孩子僅僅讓他看了幾次封面，至於內容，他在半年時間裡紅著臉央求了十多次，還是沒有看到。那一年年底的一天，他和弟弟以及一個要好的「土豪」小夥伴三人偷著去了佳縣縣城，買了一本一角二分錢的小人書，那個小夥伴慷慨地拿出四分錢。出了書店門，經問別人知道這本小人書叫《二士爭功》，說是《三國演義》裡的書。開始他和弟弟還有那個小夥伴一起看這本書，而後他自己又繼續一遍一遍地看這本小人書。下雪了，很大的雪，他卻渾然不知，當他們摸爬滾打用了三倍的時間走完十里山路趕回家的時候，母親已經在做晚飯了。

因為回來得太晚，坐在炕上的父親氣得開口大罵，而母親拿掃帚拍打著他們身上的雪。父親叫他到炕楞跟前，看到了他「手上還捏著一本小人書」，「猛地從炕上撲過來，還光著腳，一把將小人書打落在地，猛地彎腰撿起來發瘋地撕成碎片扔進灶火裡」，高智晟絕望地「雙腳蹦地大哭」。慈愛的母親保護了他免受一頓暴打。可惜他朝思暮想了一年的小人書瞬間化成了灰燼。一年漫長的期待、渴望、朝思暮想，結果是這本書他只擁有了幾個小時。

高智晟這段故事的情景一遍一遍在我的大腦中回放，多麼可憐、多麼可悲！如此貧窮而又多麼渴望讀書的孩子！

高智晟從小就極富想像力。例如，他和村裡的小夥伴一起，曾經計畫如何找到一根長桿（椽）子站在山頂從天上捅星星，「有好幾個晚上剛睡下後，都會去想那捅一椽子像打棗一樣嘩啦啦往下落的星星」。多麼奇妙而又美好真切的想像，漫天的星斗竟然可以像打樹上成熟的棗子一樣，嘩啦啦的 ......

　　高智晟從小就有「反骨」，曾經和小夥伴玩遊戲的時候高喊「打倒毛主席」、「打倒共產黨」，而被老師停學。在中學時他敢於給老師糾正錯字，受到恐嚇和侮辱。

　　高智晟在回憶他少年時外出打工的遭遇時說，「我從未碰著一名還殘留著一點靈性的包工頭。我們沒有人能從他們手上要回一分錢的血汗錢。 我們的社會是惡人們的天堂，在我們與包工頭之外，沒有誰可以為你主持公道。」

　　高智晟承傳了母親的善良、勤勞和堅忍。他做律師，常常是免費為最底層窮人打官司。他走在燈火輝煌的大街上，心想著那些還在苦難中掙扎的人們，所以他告訴妻子，「我覺得我跟這個社會是隔開的，我融入不到這個社會當中。因為我掙的錢越多，我的當事人的苦難越多。」

　　高智晟是率先站出來勇敢地為法輪功學員辯護的維權律師之一。法輪功學員——「那群一個個微笑著，用平和的語氣講述令人驚魂動魄的被迫害過程者」，常常讓高智晟感動得熱淚滾滾。高智晟在他的書中寫道，「在法輪功這個問題上，如果全體公民整體性地視而不見，這個恥辱和道義的包袱我們還要背多少年？如果所有的律師悄聲無息，未來在這個問題上，律師有何顏面去面對歷史？」

　　高智晟敢於一人對付整個殘暴的國家機器，中共對他是既恨且怕，它們使用了古今中外最殘忍、殘酷、暴虐流氓的手段，摧殘高智晟的精神和肉體。高智晟也有過一次兩次的軟弱，那是為了他深愛的妻子和一雙可愛的兒女，他覺得，他們因為丈夫、因為父親而受到這樣的傷害這樣的凌辱是不公平的。親人的遭遇對他來說，比他自己受到的凌辱、酷刑更甚。當妻子兒女終於離開中國，其實

高智晟是多麼的不捨，很長時間，他沒有進入妻兒們曾經住過的房間。妻兒們曾經穿過的拖鞋，他也不捨得存放起來。不過，從此高智晟沒有牽掛了，他可以獨自一人去面對那些「惡魔」。

貧困的童年，艱辛的少年，步入社會的人情冷暖，他經受過的這些巨大的貧窮和苦難，幾次的大難不死，應該都是上天給他「苦其心志，勞其筋骨，餓其體膚，空乏其身」的磨煉過程，因為上天要降大任於他。高智晟一定是有巨大使命的人，上天在眷顧他，神在保護他。

雖然高智晟已經失蹤 6 年多，但我一直堅信他還活著，因為他是「上帝的孩子」，他高貴的人格，不屈的精神，一直是讓那些「惡魔」膽寒。

無疑，韓亦言先生編著這本書是做了一件非常有意義的事情。韓先生真誠相邀，讓我寫序，初聞誠惶誠恐，從來都是看「序」，怎會寫序？但又著實感受到韓先生的誠意。雖然本人文筆拙劣，人微言輕，心裡卻覺得不可婉拒，況且這本書是極其有分量的，高智晟是我們當今時代的真英雄、大英雄。所以不惜獻醜也要助韓先生一臂，算是我為此書做出的一點點貢獻吧。哪怕是一朵浪花，仍可在陽光的照耀下閃爍出小小的一片光。

希望之聲國際廣播電台 資深編輯 齊玉

2023 年 12 月 24 日 平安夜

上帝與高智晟同在

非常榮幸應韓亦言先生邀請為他編寫的《高智晟──中國的良心、勇氣與脊樑》一書寫序。韓先生作為理科男勤耕不惰利用業餘時間為民主自由人權的推進與倡導寫了大量文字，令我們這些學文科的老學生倍感慚愧。

對我來講，高智晟律師既是維權前線同工也是主內至親的弟兄，在他再次被失蹤進入第七年之際為出版這本書寫序既沈重忐忑又多了期盼。

高律師被稱為「中國的良心」實至名歸。他在突破中共設定的為受迫害的法輪功信仰人士的禁忌方面是第一個「吃螃蟹的人」。當中共以反「邪教」名義，自 1999 年來一方面殘酷鎮壓甚至幾乎是對法輪功信仰者實施「信仰滅絕」政策之際，另一方面中共卻在國內外從宣傳法律和外交領域設立各種「禁區」，即凡屬於牽扯到「法輪功」酷刑迫害議題和案例，宣傳上全面禁止（除了黨媒的一面倒攻擊污衊之詞），法律上禁止律師和各級法院代理和公審「法輪功」相關的任何案子；外交上迫使各國外交官將「法輪功」議題列為「外交禁忌詞」不能討論。我很多在美國國會、國務院和白宮的外交和國家安全圈的朋友們都說跟中共打交道時「法輪功」議題是絕對被禁忌的，外交界戲稱「除了法輪功什麼都可以談（Anything but Falun Gong）」。

我還記著大約在 2005 年左右，華盛頓市長頒發了一個給「法輪功」褒獎令的公開宣示（Proclamation）。本來在民主社會任何社會公益組織和個人都可以去國會、各級議會以及各級市政府申請此類公開「褒獎令」，但是這次是「法輪功」組織又是美國首都華盛頓市長頒發，這「茲事體大」，中共派出駐美使館緊急動員，準備遊說華盛頓市市長收回該「褒獎令」。我有一位基督徒朋友當時做華盛頓市市長助理，他跟我描述了一下當時跟中共派過去華盛頓市政府施壓的中共高官的對話。大體的對話是這樣的：

　　中共高官一臉嚴肅地說：「我們要求華盛頓市市長收回對「法輪功」的公開「褒獎令」。

　　華盛頓市市長助理：「爲什麼？」

　　「因爲法輪功是邪教。」

　　「法輪功是被中國政府在中國定爲邪教。美國法律沒有定邪教標準。美國保障所有宗教信仰團體的自由，包括法輪功。」

　　「如果不撤銷，會嚴重影響華盛頓市跟中國的交流關係。」

　　「我個人是基督徒，雖然我並不認同法輪功的信仰內容，但是美國不是中國，美國是法治國家，保護所有宗教和信仰者的自由。所以市長不會撤銷。」

　　這次談話後來不歡而散。後來我聽說爲了這個事件，中共派出更高級別的官員遊說，甚至開出了天價條件，最後還是失敗了。

　　我之所以透露這個細節，希望說明高智晟律師在這樣一個中共設定的對內對外的「底線」下，仍然冒著極大危險，順從一個法律人的良心和專業精神，向全世界發布他親自實地調查後撰寫的關於中共黨國對「法輪功」學員們的第一份迫害酷刑報告，爾後又爲此向當時的總理溫家寶上書要求尊重法治和宗教自由，對知法犯法者

立即問責。儘管高律師「第一個吃螃蟹」的行動遭到了瘋狂的報復與打壓，但是中共當局也不得不允許律師代理法庭受理「法輪功」案件。

後來，高律師毅然出任因著印刷分發百萬聖經被捕的北京家庭教會蔡卓華牧師的辯護律師，該案極其敏感地被「北京晚報」稱爲「建國以來北京最大的境外宗教滲透案」，「蔡卓華教案」也成爲了中國法律維權運動的開山第一大案，幾乎聚集了所有後來成爲中國維權運動的領軍法律人。蔡卓華案在這些無畏的專業法律人辯護和全世界的關注下，蔡牧師由當時「中央政法委」內定的 15 年徒刑最終減爲「3 年有期徒刑」。

當然，高律師和他的全家爲此付出了巨大的代價，至今還在繼續。我記著後來當我去比利時布魯塞爾跟當時歐洲議會副主席愛德華・麥克米蘭 - 斯科特（Edward McMillan-Scott）會面時，他在描述了當時他在北京僅僅因爲要跟高律師見個面就遭國保圍追堵截甚至差點「被車禍死亡威脅」時，他不勝唏噓地說，「看起來高律師被視爲中共國家一號敵人（enemy No.1）」。

高律師不僅僅是個剛強勇敢的律師，深入了解他的人都知道他還是一個暖心體貼的好爸爸和好丈夫。我記著當我在 2009 年飛赴泰國曼谷協調逃亡出來的高律師的太太耿和與兩個孩子格格和天昱來美國的安置行動過程中，高律師跟我的第一次通話。他非常仔細地叮囑我對太太和孩子們到美國後每一個細節和計劃。雖然有些細節沒有實現，但是從本書中他給孩子們寫的故事裡可以體會出來他作爲爸爸和丈夫的最大承擔之志，雖然他也愧疚自己力不從心。本來高律師的家書《爸爸的故事》是要作爲他的《2017 年：起來中國》的姊妹書出版，已經出版的《2017 年：起來中國》是他第一次出

獄後手寫的關於獄中的遭遇和時政分析，是由我們對華援助協會幫助打印偷運出來的。但是，當我們尋遍華人出版界都因為懼怕等原因不敢署名出版，最後只能由對華援助協會和台灣關懷中國人權協會共同出版《2017 年：起來中國》時，很遺憾《爸爸的故事》一書至今沒有能夠出版。這次韓先生將根據未出版的《爸爸的故事》中的部份內容編寫成的一系列獨立的、通俗易懂的故事列入本書，我由衷地高興與感恩。

高律師再次被失蹤已經進入第七個年頭了。在那之前，我跟他有過多次的暢談。雖然我對高律師再次失蹤中的遭遇還是時常隱痛，但是現在我確實更充滿了盼望與期待。我記著他跟我興奮不已地分享一段他在被酷刑期間的奇特經歷，準確地說是神蹟性的經歷。他講到有一次他被三個中共審訊人員帶到一個地下室被脫光衣服，那三個人拿著高壓電棒對他全身上下各個部位施行酷刑電擊折磨。他說當時簡單禱告呼求上帝之後，他隱約能夠聞到自己皮肉燒烤的滋味，但是剎那間他身體好像奇蹟般地被罩上了一層護衛網，雖然電擊他肉體的火花四射，他卻感覺不到一點點疼痛。他告訴我那時他頓時就很安心的睡著並且打呼嚕了。那幾個大汗淋漓施行酷刑者惱羞成怒把他淋醒後憤怒地說，「我們都累成這樣，你小子還打呼嚕，怎麼啦？」高律師當時立即回答酷刑他的國保們「因為那在我裡面的比你們的一切更大」。這正是聖經約翰一書 4:4 上的記載，「孩子們哪，你們屬於上帝，而且你們已經勝過了假先知們，因為那在你們裡面的，比那在世界上的更大。」使徒約翰寫此書時正是初代基督徒遭受羅馬極權政府嚴酷逼迫之時。

高律師說，從那時候起「那些人都怕我了」，因為他深信並體驗到他信靠的上帝是那麼真實的超然幫助他、與他同在。誠然，正

如「聖經舊約」裡詩篇 118:6 大衛王在艱險中的宣告：「有耶和華
（上帝）幫助我，我必不懼怕，人能把我怎麼樣呢？」

讓我們繼續爲高智晟律師和他一家人禱告加油，也滿懷上帝的
「信望愛」，永不止息！

僅爲序！

傅希秋牧師 於德克薩斯州米德蘭市家中
主後 2023 年聖誕節

目錄

1 Part 1
高智晟家書中鮮為人知的故事

2 Part 2
高智晟與親人及其有關文字

3 Part3
媒體文章及對高智晟的評價

Part 1
高智晟家書中鮮為人知的故事

唐朝 杜甫《春望》

國破山河在，城春草木深。
感時花濺淚，恨別鳥驚心。
烽火連三月，家書抵萬金。
白頭搔更短，渾欲不勝簪。

高智晟幼年的一些故事

❖

「就像拴牲口一樣的—高智晟的母親」

1963 年黃曆閏 4 月 20 日晌午之前，陝西榆林市佳縣佳蘆鎮小石板橋村的一眼窯洞裡，一個男嬰誕生了。這個農村家庭近乎赤貧如洗，他是第 5 個孩子。父母給他取的名字是閏會，他就是我們現在知道的高智晟先生。

閏會出生在春夏之間青黃不接的時候，也就是說，田裡的莊稼還沒有成熟，而家中上一年收穫的糧食已經吃完或所剩無幾。同時，1963 年是毛澤東搞「大躍進」之後的三年全中國大饑荒時期。那些年，很多的農民靠野草、樹葉和秕糠充飢。在閏會誕生的頭幾天裡，他的母親每天只能喝到一大碗用四兩小米煮的稀飯，而這是為了催奶，家裡的其他所有人連這樣「奢侈」的稀飯也是喝不到的。

那個時候，閏會的父母每天必須參加生產隊十多個小時的勞動掙「工分」，因為只有憑「工分」才能分得生產隊的糧食。一般而言，一個生產隊就是原來的一個自然村莊，它是農村人民公社化的

產物。所以在白天的大部分時間，還不會爬行的、嬰兒時期的閏會只能被鎖在窯洞裡，在炕上循環地睡醒了哭、哭累了睡。當閏會能夠爬行和蹣跚學步了，他就被用一根帶子綁在腰間，而帶子的另一頭則拴在一根短木樁上，以免他亂爬造成危險而受到傷害。他的母親後來跟他談起這件事的時候說，那時「就像拴牲口一樣的」把他拴在家裡。

「我孩子的命在神的手裡—高智晟的母親」

1968 年，閏會遭遇了他人生的一個大難，差點沒了性命。那年他 5 歲，已經有了一個弟弟和妹妹，他的父母總共生了 7 個孩子。通常在每年的冬季，他都會不停地拉肚子，過了黃曆新年之後才停止。可在那一年，到了 5 月底，他的拉肚子還沒有好，人瘦得如他父親所說的像「一副會走路的骨架」，就剩下皮包骨，連皮膚的顏色都變成了灰綠色。

終於有一天，閏會連走路的力氣也沒有了。那天的晌午時分，他想走到外面去拉肚子，但是卻摔倒在地上，怎麼努力也站不起來了。他的母親把他抱在懷裡，坐在炕上流淚，淚珠一滴滴地掉在他的臉上。幹了一整天活兒回到家的父親，連飯也沒得吃，就被母親逼著出去借錢給他看病。可敬的父親，拿著借來的兩塊錢，把他揹綁在肩上，往醫院趕路。

從閏會的家到縣醫院，要走十里的山路，有些路段蜿蜒陡峭。這一路給了他三個終身難忘的印象：一是路途中下坡時，他的兩隻腳有節奏地拍打他父親的腿部；二是父親的光腳踏在土路上的聲音；三是，或許是印象最深的，他父親身上的汗臭味。他還記得，一路

上他的父親隔一會時間就喊他的名字，聽到他答應後才放心，一共喊了三次，害怕他斷了氣。

到了醫院，他被放在一張床上，這是他有生以來第一次看到穿白大褂的人，也是第一次出了村子到城裡。一位醫生先是責備他的父親送他遲了，說要住院，但是，當知道只帶了兩塊錢的時候，又責備錢太少了不能住院。最後，給開了藥方，並說三天後如果還不好就要再來。他的父親買了藥後，遵照醫生的吩咐當時就讓他吃了半粒黃色的藥片。

說來神奇，僅僅吃了三粒藥片後，閆會的拉肚子問題就治好了。這次就醫是他 45 歲前唯一的一次，他的父親總共花了一角二分錢買了 24 粒藥片。而且，這也是在記憶中他嚴厲的父親第一次背他、和他單獨在一起最長時間的、親密的接觸。他的母親常說，「我孩子的命在神的手裡，神不會放手不管的」。這次他大難不死，是上帝的眷顧。

「打倒共產黨！─高智晟」

似乎高智晟先生天生就有反共的基因，儘管在小時候脫口而出的一些話是屬於童言無忌。閆會第一次闖的「政治禍」在當時是可能會掉腦袋的。在他 8 歲的 1971 年，由於家裡窮還沒有能力讓他上學。那年冬天的一天，他和二哥以及一群小朋友們像往常一樣在村溝岔壩上玩耍。玩著玩著，他們村的共產黨支部書記的兒子突然舉起胳膊高呼「打倒林彪」。其他的孩子頓時都愣住了。可是，閆會一點不含糊、不加思索地也振臂高呼，但喊的是「打倒毛主席」。那位書記的兒子當時 11 歲，他是聽了他剛從公社開會回來的爸爸

說，林彪是個大壞蛋，反對毛主席，坐飛機掉下來摔死了（1971年9月13日），所以有膽喊打倒林彪的口號。那個「官二代」跟閏會的二哥大聲說，你弟弟喊反革命口號，被槍打了都不冤枉的。他的二哥害怕得話都說不出來。但是他卻理直氣壯地反駁道，是你先喊打倒林彪後我才喊的。他的二哥趕緊把他拉回家去。

到了家裡，他的二哥將這件事告訴了父母，結果是閏會挨了他父親一個重重的耳光，是他的母親保護了他不再受到更多的懲罰。其實，他的父親心裡十分明白毛澤東不是什麼好東西，只不過那個年代公開喊打倒毛主席的口號會給家裡帶來殺身之禍。他記得有一天夜裡，他的父親跪在炕上往尿盆裡尿尿時，抬頭看著牆上毛的畫像說，「世上唯有這個人最下賤，不要臉，全國人民誰不衝著他尿尿。他快把這一茬子人都給弄死了，早該把他一尿盆子窩死」。挨了父親的打，他並不記恨，因爲他記得他母親的話，「父子的愛在骨髓裡頭」。幾年前，他的父親背他去醫院就是一個例子。

閏會10歲時才開始上學，從小他就很聰慧，學習也很用功。可是，在1976年，他在村裡的學校上學的第三年的整個下半年，實際上是輟學了。爲什麼呢？又是因爲闖了「政治禍」。一天在課間休息的時候，他和一個同學玩國軍和共軍打仗的遊戲，他的同學演共軍，而他演國軍。兩個人很入戲、打得如火如荼，他的同學一邊打一邊狂呼「打倒國民黨」，他也自然而然地、忘乎所以地扯著嗓子喊「打倒共產黨」。那年是毛澤東「十年浩劫」的最後一年，全中國絕大多數的老老少少在政治上左得很，也就是現在所說的政治正確。可恨的是，他的同學立即去報告了老師，而那個老師過來就惡狠狠地大罵閏會。當時的他，不知道後果究竟有多嚴重，嚇得嗚嗚地哭了起來。那個老師叫其他同學看著他，說不要讓他逃跑

了，說完就跑到村子的農田基建工地向幹部報告。

閨會不想坐以待斃，看到老師離開了，他撒腿就跑，而負責監督他的同學們並沒有認真地追他。他一路心中不安、拚命地跑，一口氣竟跑了十里路到了黃河邊。這時，他感覺到他已經遠離恐懼了，就沿著河邊溯流而行，竟然在一個渡口驚喜地遇到了他的二哥和姊姊，他們正在那裡等著過河去山西。更巧的是，他們忘了把鑰匙留在家裡而為此焦急，這下好了，他們把鑰匙讓他帶回家。離開哥哥姊姊走回家後天已經黑了，而家裡人正因為找不到鑰匙而無法進家呢。

吃晚飯的時侯，他的大哥講了他的老師到工地要求村裡先批鬥他，然後報告給公社的事情。湊巧的是，當天在工地的負責人就是他的大哥，對那個老師的要求自然是不可能答應的。他的大哥說，這是小孩子們演戲過程中的信口開河，並且警告他的老師不要把事做絕。這個政治事件就這樣結束了，可是，他這一年的上學也結束了，因為有那個老師在。好在老天有眼，第二年學校換了老師，他又回到了學校。

高智晟先生早年的這些故事，筆者寫出來的時候感慨萬千。作為閨會的他，家庭非常貧窮，很多時候為了能吃上飯而發愁，這一直激勵著後來的高智晟律師關心和盡力幫助底層民眾。作為閨會的他，有著一位嚴厲、倔強而善良的父親和一位人格高尚、眼光遠大和慈愛的母親，後來的高智晟律師毫無疑問地秉承了這些高貴的品德。閨會的母親給他說過，「你的窮命能感動天地」，是的，後來的高智晟律師是虔誠的基督徒，這是他個人經歷了一系列神跡的結果。

步入社會經歷的人心冷暖

❖

「在我的家鄉，把農民稱作是受苦人，沒有再比這個稱謂更能貼切表達陝北農民悲苦命運的實質。這裡的環境苦，而奔突在這片苦地上的受苦人更苦。─高智晟」

1980 年，17 歲的高智晟初中畢業參加了中等技術學校（中專）的統考，雖然沒有達到中專的錄取分數線，但是達到了縣重點高中的錄取標準。他記得那天拿著成績單回到家裡，母親一個人面朝外坐在門檻上納鞋底。當他告訴母親他考的成績，並特意說了一句「是縣重點高中」。他說話的時候對著母親的背影，看不到母親的表情，可是母親始終沒有說一句話。「長時間的沉默就是一種語言」。他明白，貧窮的家庭已經不能再支持他繼續讀書，他的學生時代結束了，淚水默默地流下來。可以想像，當時他母親的心裡一定也在流淚！當初，是母親咬著牙支持他上學直到初中畢業，事實上，他是家中唯一讀到初中的孩子。在這個意義上，他是母親的掌上珠。假如有一點可能的話，母親怎麼可能不讓他讀高中呢。這就

是一個窮人孩子的命，他認了。

如果說由於父親的病倒和去世，十一、二歲的高智晟一下子長大了的話（見本書「高智晟早逝的親人們」一文），那麼十七歲的他只能立刻變成大人了，從此「加入苦人的大陣，成為一名受苦人」，自謀生路。或許他命中註定了不該是農民，正如他在家書中告訴孩子們的那樣，「讀了幾年書讓我識了幾個字，卻也失去許多的受苦人負耦執耜的基本技能。幹了幾個月後，我在事農能耐方面始見不到有一點長進」。我們的大英雄，田種不了，在夜裡和同村的人一起去城裡掏茅糞，在一次被抓後而告終，甚至連看起來很簡單的放羊的活兒老天也不讓他做。說來哭笑不得，在第一天幫人家放羊時，大概是閒得無聊，往羊群裡扔了一塊小石子，竟然打瞎了一隻綿羊的眼睛。那年冬天，他「背負鋪蓋卷和一把鐵鍬一把钁頭」，被村裡派到了 40 里外的一個地方去修佳縣至榆林的公路，為的是吃飽飯，可每天要幹十幾個小時的苦力。即使這樣的差事，還有人搶著做呢。

1981 年春，他的這份只能吃飽飯的工作被換給別人了。他回到家，報名去當兵但「未能如願」。「而就在這一年年初，陝北農村實行了包產到戶，家裡收穫了足夠保證不再餓肚子的糧食」，他幫著大哥在家種田。因為分的地不多，他大哥一個人完全可以經營，所以年底家裡人商量過了年他和弟弟一起外出打工。因為在附近打工常常要不回工錢，他們決定去遠處試試。

「我從未碰著一名還殘留著一點靈性的包工頭。我們沒有人能從他們手上要回一分血汗錢。我們的社會是惡人們的天堂，在我們與工頭之外，沒有誰可以為你主持公道。─高智晟」

　　1982 年，鄰村有個長期在外的包工頭高武愛回來尋找勞力，他的大哥就過去聯繫，其間，大哥對包工頭講了他的弟弟「在山西古郊爲要工錢，被人們打的昏死過去，錢終於沒有要回一分」。大哥回到家說，包工頭同意要他們兄弟倆，並且，「那包工頭拍著胸脯保證，不會出現不給工錢的情形，並且說如果想騙人，他就不會回到老家來招勞力，說再怎麼說也不可能欺騙擔山鄰居」，一家人聽後似乎放下了心。於是兄弟倆和同村的一個農民跟著包工頭的弟弟高武功出發了。他們籌借的路費都要交給高武功統一支配。一路上住宿的都是騾馬店，「每人兩角錢住一夜」，「在途中每日只吃兩頓飯，每頓每人喝兩碗一角二分一碗的綠豆稀飯。毫不誇張地說，每頓飯後不到一個小時，肚子就開始餓了」。在綏德、延安各住歇一夜後，第三天到達黃陵縣。

　　從縣城步行大約五個小時左右後，來到店頭溝（鎮）的四周是森林茂密的車村。在一個名叫二王的家裡住了一晚等其他的民工。第二天，他們先給二王家倒窯土，到了下午，會齊了一批同樣來自佳縣的農民一起進山。每人「手持斧頭和大砍刀」，大約走了兩個多小時，「進入了莽莽的原始森林，森林以松樹爲主，一望無際，遮天蔽日」。於是，他們成了伐木工。

　　伐木工吃的是「一天兩頓『黃元帥』（玉米麵）饅頭，一頓飯可以分得一碗蒸饅頭水」。六個月裡沒有「見過一片蔬菜葉子」。他們兄弟倆是操斧手，每天的「工作先是輪斧清場，將松樹周遭一應灌木、荊棘、白樺樹等所謂雜木砍光，再剁成一定的長度堆到一起，然後將伐倒的松樹上的所有枝節用斧頭砍削、理順後堆在一起」，「沒有任何勞動保護，從來沒有人能得到過一雙手套」。在下雪、大風、或雷雨的天氣裡，依然不間斷地勞動。關於黃陵原始

森林裡的氣候，那裡打雷的氣勢給高智晟留下了很深的印象。他描述那「盤旋在山頭樹冠上的崩雷聲，眞讓你領教什麼叫崩雷的歇斯底里，那是怎樣一種驚心動魄的震撼，怎樣的一種淋漓酣暢。那是一種境界，一種不可多得的境界」。「而那被雷擊中的掛在樹杈上的兩三米長的死蛇，不僅每使人毛髮倒豎，也讓我記憶深刻」。然而，半年從未休息的、全天候的、艱苦的伐木工作，兄弟倆本巴望可以掙到 720 塊錢左右，可是包工頭的承諾沒有兌現，結果是分文沒有。「巴望最終幻滅」，「兄弟倆蹲在地上痛哭一頓後，又開始尋找新的巴望」。

一批佳縣的民工們兩手空空地走出森林回到車村。上面提到的二王花言巧語地對他們說，會給他們找到掙大錢的工程。於是，他們被騙著先給二王哥哥大王家白修了三孔窯洞，接著又免費給車村修築了一座石橋。可惡的是，那座橋「車村以兩千多元錢發包給了包括二王在內的幾個人」。讀者可能會說，他們怎麼會一直被工頭們騙呢。要知道，當時他們遠離家鄉而身無分文。高智晟在家書中寫道，「在相當長的時間裡，我們只能依靠他們。離開他們，我們會陷入完全無能爲力的絕境」。

在石橋將完工的前兩天，「總是笑嘻嘻的二王」告訴他們「說他的兄弟承包了煤窯的採掘工程，說每拉出一噸煤能給到一元錢」。對於赤貧的農民工們，這無疑是一塊非常誘人的大餅。於是，石橋一完工，他們一行人就立即趕到距離車村三、四里左右的一個小煤礦。然而，這又是一個騙局，他們其實是「開始了惡夢般的，四個月的拉煤工生活」。

「你無法通過我的講述領會在那種可怕的環境裡勞作的，那

種行走於生死間的悲壯與殘酷。因為那不是語言、甚至是文藝的語言所能具有的技術和力量。─高智晟」

　　煤礦井下的那條用來拉煤的坑道長約一公里，高度一米六、七左右。「絕大部分路段是永遠積著一層水，淺則七、八公分，深則三十多公分。坑道寬度僅可容一輛鐵車進出，每五十米左右有一會車處，規矩是空車避讓重車。無論是負軛重車，還是空車，行進中的拉煤工只能貓著腰行進」。「地下坑道裡的黑，黑得讓人發慌」，而照明主要靠拉煤工頭頂上那盞「不怎麼耀亮」的燈。與高智晟兄弟倆一起來的人，「只在坑道裡幹了不到十個小時，懾於那裡的黑暗和危險就都逃跑了」。但是他們「一心想無論怎麼苦也要堅持下去掙些錢交給家裡」，「因著半年沒有掙到一分錢」。拉煤工們「是兩個班循環交替下井作業，每班 12 個小時，每天中午 12 點和午夜 12 點是交接班的時間，上班時 12 小時則都是井下」。他的弟弟每車都是 800 公斤，一個班最多拉過 17 噸，而他自己的車從未超過 600 公斤，一個班從來沒有超過 10 噸。他是這樣描述的，「我們在凹凸不平的黑暗坑道裡，拽拉一車煤出來實在不是一件容易的事，600 公斤一車煤，拉拽得人周身血脈賁張，青筋暴起，毫不誇張地講，我每次卸完一車煤，拉著空車返回坑道時，我的雙腿、雙臂即狂抖不止。那真的是一種極限，一種生理能力的極限運轉」。

　　在拉煤的四個月裡，從頭到尾沒有任何人向他們講過安全的問題，「那裡最不被重視的就是人的安全、生命」。事故終於發生了。一天，高智晟正拉著一車煤在坑道裡艱難爬行，突然聽到有人驚叫「塌方啦」！「叫聲讓人毛骨悚然」。他當即棄車大哭叫著弟弟的名字奔向坑道底的作業面，因為他離開那裡時弟弟還在裝煤。他聽

到弟弟說，「三哥，你不要嚎，我活著，我在這裡」。弟弟「不是個輕易能哭出來的人，兄弟倆抱著哭得若無旁人，哭得動天撼地。但這個哭只不到半分鐘，他說『三哥，我的腿斷了』」。當時他弟弟「在塌方的邊緣，沒有來得及徹底脫身，左腿被砸傷」。他嚎啕著背起弟弟就跟跟蹌蹌地往外跑，因為那裡依然很危險。一邊跑一邊哭著喊著「老四，咱啥也不要了，就要你活著……」。（1）

　　由於擔心乘坐送煤到井上的電動軌道車有危險，他把弟弟一直背到了外面。當精疲力盡地將弟弟放在一個石台上，這時看到了弟弟的腿傷，從傷口看到了骨頭露著。他痛哭失聲，發瘋似地找來兩張舊報紙，又從別人處求得一盒火柴，跪在弟弟跟前，嗚咽著把報紙燒成灰，然後撮起報紙的熱灰，一把狠心摁進弟弟腿上的傷口，他弟弟哎呀叫了一聲。接著他把弟弟背到他們四個月在那裡住的一間破窯裡。他束手無策，看著弟弟痛苦的樣子，不知如何是好。醫院是不敢想的，連想的衝動都沒有，他想到了去找工頭。

　　高智晟找到了一個也是姓王的，正在躺著抽菸的老闆，告訴他說井下塌方了。他坐了起來，居然問的第一句話是，「還能出煤嗎？」「我弟弟腿被砸斷啦！」高智晟大聲告訴他。可是，那個工頭竟然無動於衷。高智晟每天記錄兄弟倆的拉煤量，如果一噸一元錢的話，工頭必須至少要付三千元左右，加上弟弟的工傷，工頭和礦上也是有責任治療的。可是王老闆不僅分文不給，反而冷酷地把高智晟兄弟倆趕出了煤礦，荒唐的理由是說他們吃超了伙食費，並且還蠻橫地將他們倆僅有的一條從家裡帶出來的破被子扣留了，他們倆「唯一的一件財產亦被剝奪」！

　　「我們意外地得到了一頓飯，那是用南瓜、玉米麵擀成麵條

的湯飯，那海碗有兩公斤重。我們吃得很香，一大碗熱飯，吃
完了身上也感到了暖暖和和，我們吃飯的時候，那家人就悄悄
地在一旁看著。—高智晟」

　　高智晟被迫背著左腿被嚴重砸傷的弟弟離開了煤礦。路在何
方，他的「心裡一片茫然」。走著走著，弟弟在他的背上嗚嗚地哭
起來，「那嗚咽聲是那樣的無助、絕望」。不一會，他「也跟著哭
了起來，兩個人的哭聲撞在一起，越哭越傷心，由嗚咽變成了嚎啕
大哭」。邊走邊哭，他「幾乎是下意識地朝著車村方向走」。當走
到一個距車村大約兩公里左右的地方，實在走不動了，他看到山上
有一些窯洞，於是找了一孔沒有門窗的破土窯鑽了進去。「那破窯
洞裡堆滿了柴草，幸運的是裡面還有個土炕。」他在土炕上鋪了些
乾草，將弟弟小心地放在上面。他看著弟弟「臉上全是煤黑，只有
兩道淚跡裡露出了臉上的皮膚，看了使人哀傷」。而他自己也一定
是一樣的模樣。他後來告訴孩子們，「而我們身上則更髒，那種髒
污程度可謂無可復加，因爲我們沒有工作服。上班下班就那一套衣
服，衣服一律成了煤的顏色。還有一種髒是肌膚上的髒，我們沒有
洗澡的條件，礦上的井水是徹骨的冰冷，所以我們身上望上去像是
泛著煤層」。

　　怎麼辦、怎麼辦？身上沒有一文錢，飢腸轆轆，下一頓飯在那
裡？他「坐在地上緊張地盤算著，那種愁苦眞是無以言表」。他想
到了車村的二王，想著去討回這四個月的血汗錢，因爲礦上的王工
頭是二王的合夥人。他的天眞遇到了二王的貪得無厭、冷酷無情。
滿臉奸笑的二王始終不說一句話，無論高智晟如何與他論理論情。
已經過了通常的晚飯時間，而弟弟一個人還在窯洞裡躺著，他趕緊

返回。那天沒有月亮，窰洞裡面一片漆黑。「正義」，他叫著弟弟的名字。「三哥，怎麼樣？我的心裡老發慌，老怕有人欺負你」，弟弟答應道。黑暗裡，他的「眼淚撲簌簌地往下滴」，摸索著走到炕前摸了一下弟弟的額頭，謝天謝地，弟弟沒有發燒。他挨著弟弟坐在炕邊，摸到了弟弟的手緊緊地握住，「兄弟倆如此握著手的經歷還真是第一次」。弟弟「才十七歲的人，那隻手掌給人的感覺真像乾樹皮，這手經歷過怎樣的非人磨難」。兄弟倆沒有再說什麼，「只有兩雙手緊緊握在一起」。語言是蒼白無力的，無法描寫那時受難的兄弟倆埋在心底的情感，那是十個月來天天在一起相依為命、生死與共的親兄弟！弟弟依然有力的手給了他「實實在在的安慰」，只是他的心裡依然惴惴不安，畢竟弟弟受了重傷。兄弟倆心裡都清楚，晚飯是沒有了，但他們「並不徹底絕望，想著明天再想辦法吧」。高智晟一天「實在是累得精疲力竭了」，他要躺下休息了。

　　一定是兄弟倆的苦難和頑強意志感動了上帝。高智晟在家書中寫道，他感謝神，祂並沒有拋下他們不管。一會兒，他們忽然看到外面有燈光，而且，這燈的主人是衝著他們來了。「影影綽綽是一男一女倆人走了進來，男的挑著燈籠走在前面，兩人進來站定，那男人舉起燈籠，他們倆個人都低頭探看」，兄弟倆也默默地看著他們。原來，高智晟在去車村討薪前在周圍走了一圈，撿了一大塊破甕底，搬到窰洞裡給弟弟解大小便用。他在搬那破甕底時看到「不到一百米的地方住了一戶人家。與車村二王家的氣派的磚窰相比，這應是窮人家」。當時有一位三十多歲的女人遠遠地看著他，「臉上掛著不解的神色」。他想，一定是那家的男女主人了。

　　「娃娃，你們是哪裡來的，住在這裡幹甚？」男人問道。「我

們是下煤窯拉煤的，我弟弟腿被砸傷了，被困住了，在這裡住一晚上，明天就走」，高智晟心中不安地回答。大家聊了起來，原來這對夫妻原是四川人，就是下午他看到的那戶人家的主人，他們逃荒到這裡已經十幾年了，這孔破窯洞是他們住了一年多的家。聊了一會兒，夫婦倆走了，兄弟倆也就睡覺了。半小時左右，夫婦倆又進來了，一個八、九歲的小女孩在前面提著燈籠，夫婦倆每人手裡端了一個海碗（比正常吃飯的碗大很多的碗），說給他們「做了點飯，說是飯不好，但能填飽肚子」。肚子空空的兄弟倆，非常意外地吃到了當天的第二頓飯，「吃得很香，一大碗熱飯，吃完了身上也感到了暖暖和和」。

「我的新東家給我預支了 20 天的工錢。…與王老闆的冷酷與人性壞死情形有天壤之別，這種樸質在民間雖然已奄奄一息，但卻還存有著。這讓當時的我們，對這個社會還保有一點安全感，這種感受不是幾十年以後的今天我的理性認識。—高智晟」

飯後，男人說他姓胡，問高智晟「願不願幫他幹活，工價每天 7 角錢，每完一天即付清工價」。這是求之不得的，他立即答應，與老胡商定，他每天的工錢由僱主拿去買餅乾，加上兩碗熱水給弟弟。因此，從第二天起，每天天不亮就跟著老胡去地裡幹活，直到天黑得看不見了才歇手。如此一幹就是一個月，而這一個月裡，居然很少看清楚弟弟的模樣。天不亮離開，天黑了回到窯洞，而絕大多數時候弟弟已睡得很熟了。但是，回來後聽到弟弟的呼吸聲，偶爾摸一摸弟弟的額頭看有沒有發燒。尤其是每天夜裡聽到弟弟熟睡的聲息，他感到一種莫大的安慰。值得一提的是，弟弟的腿經過老

胡的查看說沒有斷，這是天大的好消息。而且，一個月後弟弟奇蹟般地恢復了健康。實際上，十幾天後弟弟就可以一瘸一拐地行走著去上廁所。老胡的妻子待他們很熱情。30天裡，「她每天給弟弟送一袋餅乾、兩碗水，從未耽誤過」。高智晟一直對她心存感激。

湊巧的是，老胡家的活做完時，高智晟弟弟的腿恢復了行走能力。而且，這個時候那個同村的農民又輾轉回來找到了他們兄弟倆。三個人出來近一年了，口袋裡還沒有一分錢，他們合計了大半夜決定下一步怎麼辦。大家都不贊成立刻回家，沒掙到錢，沒臉也沒有能力回家。可是三個人繼續在這裡也不是辦法。於是，他們決定，他的弟弟和同村人一起去西安打工，他一個人留下來給農民打工，但是，要找到新的雇主願意預支20天的工錢，即14塊錢。這樣二個人去西安的路費就解決了。幸運的是，經過老胡夫婦的斡旋擔保，第二天高智晟找到了新的雇主也預領到了14塊錢。與弟弟分別的時刻到了，那一天在老胡的陪伴下，他們在公路旁的煤炭過磅處，談妥了一輛願意以8元錢帶二個人到西安的卡車。汽車一開動，他弟弟在車大廂上跳起來哭，他也在下面雙腳蹦地的哭。

高智晟一個人回到土窯裡，想到弟弟「又開始了不確定的漂蕩，心中的愁苦無以言表」。他母親多次交代過，掙不掙到錢兄弟倆必須在一起。可是，超乎想像的殘酷現實使得兄弟倆不得不分開，好在弟弟與一個同村人為伴。他實實在在地做完20天後，又多做了5天，將雇主的活兒「圓圓滿滿地做好、做完」，而且堅決不要這額外5天的工錢。離開老胡夫婦的那一天，在道別時，讓他沒有料到的是，平時沉默寡言的老胡竟抱著他痛哭起來，「娃娃兒，臘（那）麼好的一過（個）娃娃兒，咋個就這麼苦啊！」這句話重複了好幾遍。又一個沒有料到的是，老胡和他的新雇主，每

人送給他足夠吃 3 天的包穀麵窩窩頭。

離開店頭溝之前，高智晟去煤礦上「偷回」了那條被扣下的被子。其實那個時候，王老闆已經離開了煤礦，根本用不著「偷」。他「聽說王老闆在煤礦上的帳已結算完，店頭本地的拉煤工的工錢也都發到了手」。他還打聽到，「王老闆是黃陵城東 20 里外的一個村莊的支部書記」，與二王的幾個兄弟的關係都很密切。王書記「每年都出來以村委會的名義承包礦上拉煤的活，但每到秋收季節就會結帳回村搞秋收。他每年出來承包挖煤時，全雇外地人挖煤，然後黑掉他們的工錢」。高智晟天真地認為，既然王書記的帳已經結了，他和弟弟的血汗錢就應當還給他們。於是他在車村找了另一個破窰洞住下，開始了長達 20 天的討薪。從車村到王書記的村子，「單趟六十里，需要六個多小時」，「總共去要了三趟」，每次在那個村住一晚上。每次都是在礦上為王書記記帳的安會計接待他。頭二次，安會計騙他說王老闆不在村裡。第三次，安會計對他說「娃娃，來咱爺倆說點心裡話」。並且說前兩次王書記都在，因為住在村裡才最安全。王書記在村裡勢力很大。「你一個人要帳，你人又老實，他不理你，你人要多一點，打得你連村子都進不了」。「這個人以前並不惡，當上村上負責人就變啦」。最後安會計勸他不要再來了，「因為從來沒有人能從他（王書記）手上要到錢」。至此，高智晟的討薪再次無果而終。

「下跪，是中國人的一種特有本領，在這個時代，這種本領在全人類中也是獨一無二的，我自己也不能例外。而正是這種在中國人群體中的普遍保有，才使得這種本領不僅一文不名，而且充滿著卑怯和低賤。—高智晟」

31

　　返回車村的晚上，陷入絕境的高智晟想起了上一年當兵沒有被錄取的事情，忽然心裡一豁亮，「決定回家去當兵，兩年多打工掙不到一分錢，差一點連生命都不保，實在感到是無路可走」。而家在幾百公里之外，手裡沒有一分錢，怎麼辦？好辦，他「決定全程步行要飯回家」，這實在是沒有辦法的辦法。第二天天不亮，他背著那條破被子決絕地離開了車村，踏上了歸途。

　　走了六小時到了黃陵縣城，按計劃，高智晟「晚上是要睡在客運公司大門口的，為的是第二天看著朝延安走車方向起行。確定了客運公司門口的位置後，當務之急是解決飢餓的問題」，因為他昨天晚上就沒有吃東西。他「試圖到坊間去乞討來解決問題，但趔趄著走到幾家居民門口，終於還是沒有勇氣敲門，究竟覺著自己一個大小夥子向人家乞討的底氣不足。這第一次，也是平生第一次乞討的嘗試就這麼失敗了」。他只得返回客運公司附近，實在是疲憊不堪，倚著一處牆根坐在地上，呆呆地望著熙來攘往的行人。忽然，他眼睛一亮，因為「一隊軍車停到了街對面路邊上，從車上陸續下來不少軍人，一股希望又升騰起來」。從小他受到的教育是，解放軍是全心全意幫助窮人的、是人民的子弟兵，而他從未對此有過一絲懷疑。於是他站起來不安地走到一個軍官跟前，說出自己的困境，希望能得到幫助。但那個「人民的子弟兵」的臉上毫無表情，接著他跪在那個「全心全意幫助窮人的」軍人的腳前，央求能不能幫助他吃一點飯，依然沒有反應。他抬頭看了一下，發現跟前的軍人正全神貫注地盯著街的對面，原來那兒走著一位引人注目的姑娘。他沮喪失望地站了起來回到原地坐下，茫然地望著行人。

　　高智晟想到了身上穿著的衣服，儘管天氣已經很冷了，他還只穿著單衣褲。衣服是他唯一能夠支配的財富。於是，他「抱了一線

希望脫下了上衣，走進了對面的一家食堂，那食堂裡極冷清，沒有就餐的人」。他志忑不安地拿著衣服走了進去，說希望能用上衣換一點吃的。這時一位大個子從裡面走來，一把卡住他的後脖頸子，將他推搡出門，然後卡著他的頭轉過身，指著上面掛著的「國營食堂」牌子罵道，「你他媽沒長眼睛嗎？這是國營食堂」。然後將他「推了個趔趄，拍了拍手走了進去」。他感到了一種莫大的恥辱，但這就是社會的現實，他又能怎樣呢。提著上衣返回牆根坐下，這時天慢慢地黑下來。不過，他並沒有絕望，給自己打著氣，想著出了城就不會被餓死了，因爲當時正值秋收後期，田裡到處都有土豆、紅薯、苞穀，而這也是他敢於一路步行回家的一個原因。對當天的晚飯，他不再抱任何希望了。坐在客運公司大門口幾個小時後，周圍安靜下來，又餓又冷，高智晟眞眞切切地感受到了「饑寒交迫」一詞的內涵：「那種使人被迫煎熬的過程，那叫一個刻骨銘心」。坐著坐著，他疲倦了，於是躺了下來。

「幾十年過去了，老人摶揉麵的情景歷歷在目，永遠地嵌在我的記憶裡。他顯然不是摶麵的行家裡手，有些笨手笨腳。那雙長年斫打石頭的手上，裂著一道道的口子。—高智晟」

高智晟緊閉著雙眼，大概是晚上九、十點鐘，他聽到有一群人從身邊走過，感到有人在跟前停住了腳步。「娃娃，你怎麼了？怎介躺在這裡？」一個五、六十歲的老漢嘴裡銜著一桿旱菸鍋蹲在他前面問道。只見老漢「頭上籠著陝北式的羊肚子手巾，肩上挎了一付用半個籃球做成的包，那是那個年代陝北石匠慣用的行頭，用以裝放石匠的常用工具」。這時他蜷伏在地上，渾身不停地抖動著。

「我快要餓死了」，他哆嗦地回答。「唉，說啥也不能讓把人餓死，起來，起來跟我走，有我在就餓不死你」，老石匠說。他跟著老石匠走進了客運公司的大院裡的一孔窯洞，這是一群打工的人住的宿舍。這群人開始上炕睡覺，一個炕上擠了十多個人，中間留下很窄的一塊地方，是老石匠的鋪位。老石匠讓他上炕睡在那裡蓋上被子，自己忙著給他做揪麵片。飯做好了，老石匠倒了一海碗的揪麵片湯麵給他，他接過來就吃，碗裡吃光了下炕自己盛，老石匠無聲地「圪蹴在一旁吧嗒吧嗒地抽著菸鍋」。他把盆裡剩餘湯麵全部倒進了海碗，倒完了才意識到有些不妥，問老石匠「你吃一點吧」。「吃，你娃娃，我吃過了的」，老石匠說。吃完飯後老石匠非讓他睡在炕上，並且湊到他枕頭跟前低聲說：「娃娃，你要到哪裡去？怎會睡在外面？」其他人已經睡熟了，他輕輕地、大略地講述了遇到的困境，老石匠一直彎腰低頭聽著。聽他講完後，老石匠說「娃娃，你往低了睡點，擠不下，我今夜就在炕楞上坐著過吧」。那時的高智晟「真憨的可以，竟然沒有給人家一點謙讓，挪低了枕頭倒頭便睡」。

　　不知睡了多久，高智晟感到有人輕推他，睜開眼睛，是叼著菸桿的老石匠。老石匠半側著身，盤腿坐在炕楞上，躬著背，雙肘支撐在大腿上看著他說：「娃娃起來，五點啦，五點半到延安的車要開，這是一張車票，不好買，站了半黑夜的隊才買的。這是五塊錢你拿上，多了沒有，老漢也是個窮人，今年工程上不行，沒日沒夜的受罪，一天掙一塊二還常給不了。可憐娃，回去吧，回去親人跟前活命去吧！」他迷迷糊糊地在炕上坐起來，接過老人手裡遞過的錢和車票，下到地上給老人鞠了一躬轉身就走。他當時「竟然沒有問明老人姓名，沒有向這位可敬的人說聲感激的話，那的確是只顧

了高興卻忘了一切」。高智晟在家書中自責道，這是他「一生迄今最不可原諒的一次疏忽，是最不能抹平的一個心病。他（老石匠）身上有一種善，一種原始人性的善。那是我們人類的根，他有些遲鈍木訥，樸質得像身邊的泥土，泥土是不要回報的」。「那時一個救了我命的好人，他本身就不大有力量，而他卻竭盡力量救助我，不爲任何功利，只爲救助一個人，我心裡常想著這個人，哪怕是能與他的後人們保持上聯繫，那是一件何等幸福的事。」當他回到家後，將這個可敬可愛的老石匠救他於危難的事告訴母親時，她看著流著淚的兒子卻笑了笑說，「你記住就像他一樣幫助別人就行啦」。

　　長途客車開了約十一、二個小時，下午四、五點左右，高智晟到達了延安城。「可對這已擁有了的五元錢，如何節省下來交給母親，頗費了心思，（他）終於還是決定步行回家」。這時，他的心情舒暢。因爲「身上是裝了五元錢，那自然是有了些底氣的」。他最艱難的日子已經過去了，下一段的路途不再驚心動魄。

　　在延安客運站門外熬過了一夜，早晨沿著去綏德方向大約走了三個小時，遇到了一輛拋錨的卡車，司機正在修理。他拿著水桶從離公路一里多的地方找到了水，在提了二趟水給車加了之後，司機將他帶到了綏德客運站。然而，在站門外地上睡覺的時候，被民兵小分隊當作小偷抓起來，幸虧客運站值班室的老大爺把他偷偷放走，那位大爺不願告訴他名字，而且還給他烤了二個大紅薯。大爺對他說，「來娃娃，趕緊把這個紅薯吃了，知道你不是壞人，吃完趕快走。他們來了大不了嘛我打我一頓，被他們抓去明天把你帶到採場採石頭，那是無期限的。什麼時候他們高興才能放你，你快回家，當兵找你的出路去吧」。沒有吃晚飯的他，一個紅薯就吃飽了，大爺說第二個留著他在路上吃。

高智晟「身上和心裡一樣的熱乎乎的，帶著對老人的感激和一個熱紅薯」，他踏上了去佳縣的公路。「大約走了兩個多小時，遇上一個上坡，一輛滿載糧食的車緩慢地爬行而來，那竟是佳縣運輸車隊的車」，他幾乎不加思索地就從後面爬了上去。在坡頂，卡車停下來了，司機開始懷疑他是偷糧食的，消除誤會後，司機讓他坐在駕駛室裡，直接帶著他開到了靠近小石板橋村的地方。

高智晟在村口山上一露頭，有小孩大叫「閨會（高智晟的乳名）回來啦，閨會回來啦」。他的母親從院子裡跑了出來，在磑畔上等著。「閨會」，母親哭了，她上來拉住他的手走進院子。而他「卻很興奮，因爲終於回到了家，而且是意想不到的快」。母親忙著給他做飯，他卻由於高興，並不感到餓了，「挑起水桶，竟一口氣從半里外的溝裡挑了兩趟水，仍覺得身上有使不完的勁」。在吃飯的時候，他說他回來是爲了要去當兵，母親沒有說話，他的大哥作主，同意了他的要求。因爲要當兵，他「依著村裡的習俗給自己起了高智晟這個名字」，一個智慧而閃光的名字。

高智晟先生這一段的經歷，筆者寫到這裡不勝唏噓。要知道，八十年代是中共推行所謂的「改革開放」時期，公眾一般認爲，那時，中共執政是比較「寬容」和「開明」的。然而，高智晟先生的這些活生生的故事，給了筆者以極大的震撼。可以說，中共統治的七十多年，中國最底層的百姓一直在死亡線上掙扎。即使在八十年代，我們看到中共基層官員貪得無厭地吸取底層百姓的血汗和殘酷無情對底層百姓的壓榨；看到中共所謂的「依法治國」其實是一個巨大的謊言，中共的法保護的是流氓惡霸而不是平民百姓；也看到所謂的「人民子弟兵」被中共訓練成了脫離人民的黨衛軍。更令人嘆息的是，當兵是高智晟先生走投無路時唯一的出路。

　　天將降大任於我們的英雄高智晟，故先勞其筋骨、餓其體膚、苦其心志，讓他自我修行完善。高智晟的母親常對他說，「窮人的孩子天照應」。這對在艱難危險的環境中拉煤的高智晟兄弟是極大的安慰。在高智晟一次次陷入絕境時，上帝總是爲他打開一扇窗，讓他度過難關，看到發亮的未來。老胡夫婦、安會計、在黃陵客運站打工的老石匠、綏德客運站值班室的老大爺，是這些善良的普通人給了他幫助，也給了他對民間社會的信心。後來成爲律師的高智晟，正如他母親教誨的，盡其全力幫助走投無路的底層民眾。在艱難困苦的磨練中，高智晟先生一直擁有眞誠、善良和堅韌的品德，他無疑是我們的榜樣。

註：（1）關於稱呼，高智晟出生時，有三個哥哥和一個姊姊。由於他老家的風俗習慣，女孩不被排行，故高智晟是「老四」。然而，二哥早年夭折後，他就「晉升」爲「老三」。後來，高智晟有了一個弟弟和妹妹，而這唯一的弟弟被習慣地稱爲「四弟」。在這一系列故事中，如果不是引用高智晟的原話的話，筆者用「弟弟」代替他習慣上叫的「四弟」。

艱辛的成才之路

❖

　　高智晟先生的女兒耿格 2017 年 6 月 20 日從加州大學聖地亞哥分校畢業，獲得經濟學學士學位。她在接受記者採訪時說，「我畢業了，是和爸爸同時畢業的。爸爸因為從小家裡很窮，而沒有機會上大學。他對此一直很遺憾。現在我畢業了，當校長念我名字的時候，我覺得那是我和爸爸同時畢業了，這個學位是我們一起拿到的」。（1）在求學這件事上，比起她的父親來，耿格是幸運的。

　　「記憶中，在夏夜的院子裡，父親長吁短嘆，梳理著心底的苦，而我卻正仰面躺在他的旁邊在銀河系裡神遊。常常幻想著天地能掉個個兒，我可以自由地爬來爬去在那裡彈星星。─高智晟」

　　高智晟的童年家境非常貧窮，「甚至在更多情形下，那是一種困境、絕境」。然而，他的自我感覺是，「十歲前的童年是快樂的」。因為他十歲之前沒有上過一天學，「沒有今天孩子們的學習

負擔」，「沒有城市孩子的空間拘限」，而他「擁有的是一種近乎原始形態的自由」。當然，這種快樂應該說是一種不得已的貧窮孩子的樂觀感覺。在他八歲前，一年裡有大半年的時間，「是從頭到腳不掛一條線」。貧窮似乎沒有妨礙他擁有豐富的想像力，例如，他和村裡的小夥伴一起，曾經計劃如何找到一根長杆（橡）子站在山頂從天上捅星星，「有好幾天晚上剛睡下後，都會去想那捅一橡子像打棗一樣嘩啦啦往下落的星星」。比較八十年代的流行歌曲《熊貓咪咪》中的「咪咪躺在媽媽的懷裡數星星」，我們的大英雄高智晟在童年時的七十年代，想像著在倒轉過來的天上「彈星星」或者到山頂上「捅星星」。

高智晟先生擁有的第一本書是他七歲時買的一本《三國演義》中的《二士爭功》小人書（即連環畫），可惜的是，他僅僅擁有了不到一天的時間。原來，在 1970 年的中國新年，大年初一全家人吃了一頓蘿蔔絲餃子。他的父親「大致是想提振一下氣運，餃子裡破例地包進去五個一分的硬幣」，他喜出望外地吃到了兩枚，十分激動的他當時就在「吃飯中間即放下碗將兩分錢拿到外面藏了起來」。他用這兩分錢與同村的小夥伴們玩有輸贏的「競博」遊戲，經過二天的「酣戰」，他的二分錢翻了四倍。說來有趣，在將近一年的時間裡，為藏這八分錢，耗費了他不少心思，他把錢「終日裝在身上，連夜裡也為這筆財富的安全而害怕」。然而「對於如何使用這筆財富卻沒有清晰的規劃輪廓」。那個時候，一個小夥伴告訴他說「八分錢可以買到一個熟雞蛋，或是十六塊水果糖，或是兩張果丹皮」。他是「張著嘴聽完的」，雖然他「並不知道水果糖是什麼滋味，更不知果丹皮是何物」。但當他問八分錢能買到幾本小人書時，那個小夥伴卻「張大了嘴一臉茫然」。

　　他強忍了對熟雞蛋、水果糖以及果丹皮已經產生了的渴望，「終於還是想得到幾本小人書」，因為他在同村的另一個孩子那裡見過那神奇物：一本《智取華山》的小人書。那個孩子僅僅讓他看了幾次封面，至於內容，他在半年時間裡紅著臉央求了十多次，還是沒有看到。擁有小人書的孩子的炫耀，誘發了他的好奇。而在「請求、拒絕，持續請求，持續拒絕過程中，一種願望被發酵是蓬蓬勃勃，而不斷漲大著的願望卻不能獲得有效釋放」，他下決心一定要擁有自己的一本小人書。那一年年底的一天，他和弟弟以及一個要好的「土豪」小夥伴三人偷偷去了佳縣縣城，因為那個好朋友「手頭有著一角二分錢」。這是他們第一次去城裡，興奮與好奇使得十里山路顯得很短，感覺不一會就到了。「佳縣縣城不大，直到（2014 年）今天，縣城裡還沒有一個紅綠燈，還沒有東南臨海諸地區一個小鎮子大。」進城後，那個「土豪」要先去買糖，他們「進了個掛著黑分分門簾的房子，看到了糖」，「土豪」「用五分錢買了十塊水果糖，售貨員把十塊糖剛擺到綠色的石板櫃檯上」，那孩子「立即剝了一塊放進嘴裡，然後把其餘的糖揣進兜裡，昂然走出商店」，他和弟弟「咽著口水隨後而出」。到了外面，他弟弟向「土豪」要糖吃，那孩子「把含在口裡的糖咬成兩塊」，給他和弟弟各半塊。他在家書中感嘆道，「久聞糖的大名如雷貫耳，實在不是虛名，甜的滋味真好，縣城真好」。

　　接著他們一路問著找到了買小人書的地方。「第一次聽說書店這個詞」。書店的石板櫃檯比高智晟「要高得多，走近櫃檯踮起腳尖頭頂仍不及櫃檯高」。他情急之下，大喊要買小人書，但是問要買什麼書時他們卻不知道。他趕緊又喊：「八分錢能買幾本小人書？」，「一本也買不了」，一個聲音回答。「襟懷了一年的希望

破滅了」，他急得快要哭了。「多少錢能買個小人書？」「土豪」朋友劈頭爆出一句。「有一毛二的書」，回答的還是那個聲音，他哭喪著臉看著「土豪」，慷慨的朋友竟拿出四枚一分的硬幣給他買了一本小人書！「出了書店門，經問別人知道這本小人書叫《二士爭功》，說是《三國演義》裡的書」。他當時是不大明白這些名詞的，但「二士爭功」和「三國演義」「卻都被牢牢地記住，至今不忘」。他們急切坐在街邊上翻看起來。書是高智晟拿著翻看了一遍，弟弟和那位朋友左右分坐觀看。「土豪」和弟弟去把剩下的三分錢全買了糖吃，而他繼續一遍一遍地看那本小人書。

　　小人書和糖，這兩樣是三個孩子第一次進城終於得到手的東西，使他們高興得忘了還有十里回家的山路，「也忽略了不知何時開始下起的大雪」。「雪下得很大，大雪把天地連成一體。那一天的雪下得不尋常，不僅僅是因爲它下得出奇地大，它的形狀呈圓而小的顆粒，狀若味精卻比味精小而圓。」「大雪掩蓋了一切，大地上依舊在的也就只剩下了雪下面的高山和深溝的輪廓」。他們「三人大聲唱著歌出了縣城，但歌聲很快停止」。因爲「小顆粒雪異常地滑，路也要不斷地尋找」。他們花費了去時的兩三倍時間，終於返回村裡。他和弟弟「忐忑不安地走進了家門，黃紅色的豆大的煤油燈下，母親正跂蹰在地上燒火做飯，家裡蒸汽瀰漫，炕上坐著的父親的上半身籠罩在蒸汽中」，只看到父親盤坐著的兩條腿。母親看到他們，愣了一下站起來走過來，在他倆各自的頭頂上撫摸了幾下沒有說話。父親氣得開口大罵，而母親拿著掃帚拍打著他們身上的雪。父親叫他到炕楞跟前，看到了他「手上還捏著一本小人書」，「猛地從炕上撲過來，還光著腳，一把將小人書打落在地，猛地彎腰撿起來發瘋地撕成碎片扔進灶火裡」，高智晟絕望地「雙腳蹦地

大哭」。慈愛的母親保護了他免受一頓暴打。可惜他朝思暮想了一年的小人書化成了灰燼。

「時間到了 1972 年，我們村來了一位女老師叫馬向芳，……她教我的三年，是我人生中最快樂的三年，我個性中的一些積極和明亮的東西，有她培蓄和影響的因素存在。──高智晟」

馬向芳，是高智晟「永遠忘不掉的名字」。她是小學老師，1972 年來到了小石板橋村，「為人極善良」，同情他家的貧困處境。「她來以後挨家挨門去說服孩子的家長們准許孩子上學」。他記得他常在一起玩的夥伴上學了，他一個人「常站在窗外看他們上課」，馬老師常把他拉進去聽。老師為了他上學的事找過他的父親，父親跟母親也談論過這件事。他記得一天晚上睡下熄了燈後，父親說男孩子不吃十年閒飯，說他很快就十歲了，「上不上學沒有多少實際意義，說祖祖輩輩不識字什麼也沒有耽誤」。但是「母親則認為不識字和睜眼瞎子沒有區別」，她說「哪怕裝門看戶的字識些也比不識字強得多」。儘管那次談論沒有結果，他在馬老師到後的第二年開始上學了。

上學後馬老師待他很好，他第一次從馬老師那裡聽到「聰明」這個詞，而當地誇一個孩子的智商高是說那個孩子很精明。「馬老師的丈夫是個在讀工農兵的大學生，很有氣質」，每個假期來，都會代馬老師上課。他記得馬老師的丈夫在上課時和下課後與人閒聊時，指著他說過「這個孩子很聰明」，高智晟「每每高興得有些飄飄然」，老師的誇獎無疑是對他巨大的鼓勵。他在家書中告訴孩子們，「與他們夫婦在一起時是我最高興的時候。人類的感情是很有

趣的，隨著年齡的增大，與他們打交道時的許多細節都被時間給抹得模糊起來。我可以斷定，我從未刻意使它這樣。我一生從小學到中學，總共上學時間加起來就六年，經歷的老師卻不少，但大多若過眼雲煙，而唯獨馬老師卻是終生不能忘記的一位。我並未想過要不要記住她！可我卻從來沒有忘掉她。而其他那些老師的面目，要具體想起來是很吃力的。在學習方面，她敦督我們學習是眞誠的認眞的，她愛我們，這是我們實實在在感覺到的。我多次看到她與我的母親一同流淚，有一次我看到她邊哭邊輕輕拍我母親的背。在我一生所接觸過的老師中，在眞誠、及愛人方面，馬向芳老師是個例外。」

　　三年的時間並不長，然而，馬向芳老師對高智晟的啓蒙教育和人性關懷，給他後來的成功注入了智慧的種子。他認爲在小學的三年，是他人生中最快樂的時期，對他積極和明亮的個性的形成起了重要的作用。從 1973 年至 1977 年的幾年小學，他在小學裡學到的文化知識應該是不多的，因爲那時還處在「十年浩劫」之中，「學校制度性地實行半工半讀」，他「第一次上板報被表揚的不是因爲學習好，而是因爲撿羊糞珠撿的最多」。而且，從他的父親 1974 年下半年病重，到 1975 年 5 月不幸逝世，高智晟常常要請醫生、賣糧買藥、以及爲父親熬藥，他的「上學也就變得有名無實了」，「有時三、五天才能去學校一趟」。

　　「我敬愛我的母親，她總能作出極明智的決定。而這種明智的價值總在二十、三十年後才爲我們所讀懂。我無意以倒推的方式去尋找讚美母親的理由。但對全家所有孩子的上學安排方面，母親對我學習的重視程度是個異數，時至今日，這個結論

我的兄弟姊妹都認同。—高智晟」

　　1977 年過完年，高智晟的母親決定讓他繼續上學，並說「半年以後必須考上初中」。下半年，他開始走出山村，到十公里外的烏鎮古城中學讀書。由於經濟原因，他「無法住校就讀，因住校每天需要繳一斤糧、八分錢」。一個人一天吃掉一斤糧，這對他家而言不僅奢侈，而且也力不能及。而每天加上八分錢的負擔，這一個月下來就是兩塊多，這更是一個無力面對的困難，他的母親鼓勵他走讀。

　　在他的記憶中，母親在他初中三年中的艱辛付出，是她一生做得最執著的事之一。她是一個極有責任心的人，三年從未使他遲到過一次，卻有無數次早到的記錄。最誇張的是，有幾次當他到了學校，老師們還沒有開始睡覺。「這種情形還都發生在天陰或雨雪天。那時全村也沒有一個鐘、一塊手錶可供看讀時間」。母親三年裡晚上睡覺不脫衣服，他「在睡夢中也常能聽到她開門到外觀星星以判斷時間，有時一夜要出去十幾次，尤其是冬天冬夜裡，那該是怎樣一種困難，一遇陰天，她就不敢睡著」。他在回顧這段時期母親的辛勞時感嘆道：「實在可以說，在絕大多數情形下，在一個人的一生一世中只有一個人會為你這樣無聲地在苦中煎熬自己，那就是母親。」

　　他還面臨的困難是沒有衣服和鞋穿。在村子裡，他一到夏天就光著上身光著腳，僅穿一條短褲，上初中了這樣是不行的。好在「姊姊寄來了一條女式褲子，很短，類似現在的中褲，短至腿肚子以上」。怎麼辦呢？好辦，他「想出一個遮醜的辦法，就是把褲管挽起來，挽在膝蓋以上」。這條褲子讓他穿了三個夏天，整個中學

期間就這一條夏褲！鞋子也是因爲上了中學才成了個問題。在村子裡，天氣一暖和，從來都是光腳。而第一次去中學報名，他沒有看見一個像他一樣的光著腳的人。他姊姊離開家後留下一雙穿過的紅鞋子，他母親想法子用一種叫煮藍的染料把它染藍，分給他和弟弟一人一隻在冬天穿。以前，兩個人都光著腳，天氣寒冷時，兄弟倆「在外面時，都是兩隻腳不停地來回在地上換著站立，酷似冬天裡的雞獨立避寒狀」。由於染料質量差，剛染好的鞋，在陽光下一眼便能看出是由紅鞋染成的。他和弟弟「每人穿一隻紅鞋的事，卻成了村裡極著名的歷史事件」！在上初中的頭幾個月裡，他穿的就是那雙又重新染了一次的紅鞋和另外一雙藍鞋。

每年的學費必須由他自己想辦法解決。所以每年暑假，他都到縣城打工，還好，1978年以後，「到附近縣城打工不再受到權力限制，但對出遠門打工的管束還很嚴厲」。他和弟弟一起每個假期都「到縣城給別人工地去和泥、灰，或提泥包或灰包給匠人」。「每人每天的工錢是六角，每天勞作應該有十六個小時左右，每天晚飯後，即七至九點還要到石場上去背混石，那活計可眞不輕鬆。」一包泥十幾斤重，他們要從地上提著送到在建築物上面的匠人跟前，每人供應兩個以上的匠人。「兩個人如果足夠幸運的話，幹上一個月，每人能賺得十八元錢。」

高智晟上中學前是不敢一個人走夜路的。他「從小到大，接受了太多的令人毛骨悚然的信息，幾乎讓人理所當然地相信，黑夜裡就是孤魂野鬼的世界，在黑暗裡它們無時無處不在。尤其是一些屈死鬼的傳說，更是在夜行中總能出現在頭腦中。這是看不見的怕，而看得見的則最害怕路旁爲行人避雨而不知挖於何年何月的土窯和墳地，最怕聽到那黑洞洞的土窯裡有什麼響動傳出。可那年月實在

是遍地的苦主，有時有叫花子以及其他被迫有家不能歸的苦主晚上就會棲息在裡面，尤以冬天為著」。在偏遠和落後農村長大的人都能理解他的這種對走夜路的恐懼。他後來告訴孩子們，「但實在別無它法，上學對我的吸引力實在是太大了，這吸引力實在不是因為認識到知識有多重要，而是那書本裡的文字世界對我有著神奇的誘惑力。」然而，三年裡，孤魂野鬼終究沒有出來嚇過他。不過，他有三次記憶深刻的發生在冬季的可怕的經歷。

一次是在一個風特別大的黑夜裡與一隻或許是狗的動物相撞。那是在他上學必經過的一段公路的急拐彎處，在幽暗裡他頂風奮力前行，而一隻動物卻是被順向的大風裹挾著前撲，恰巧在那拐彎處撞到了一起。「雙方都受到了驚嚇，雙方的尖叫聲更是強化了各自的恐怖」。由於驚嚇，他的意識一片空白，但本能地聽到隨著那猛然一撞，那恐怖的尖叫聲由近而遠離他而去。但是他立即恢復理智，實際上是為了給自己壯膽。他提醒自己，剛才那一撞的對象是物質的，不是鬼，因為他實在地感受到了對方的存在，甚至在手上感到了對方的體溫，又險些被撞倒。進一步冷靜下來思想，實際上他的手觸到的是一個有毛皮的體膚。而那尖叫著遠去的聲音，就像狗被踩住尾巴時的尖叫聲音，於是他安慰了自己繼續趕路。另一次是在漆黑寒冷的夜裡經過一條小渠溝時，被渠溝中的或許是狐狸的動物嚇了一跳。那條水渠大概四十公分寬，三十多公分深，路面寬不足三十公分。在他跨越那條溝時，驚醒了一隻蜷伏在其中酣睡的動物，它在他腳底突起的動靜與尖叫聲，把他嚇得毛髮倒豎。還有一次，他「像往常一樣，緊繃著神經急匆匆地走著。走著走著，看見前面山頂上好像蹲著個人」。山丘很小，山頂離山根底的路距離不足一百米。他經過時則勢必要驚動那當時還無法判斷的不明物。

他感到不解的是，數九寒天，深更半夜，假如是個人，在這個時間一聲不響地蹲在山頂上幹啥呢。他浮想聯翩，思維快速轉動著，並設法作出些響動來，試探著那黑物的反應，那物終於寂然不動，而他又不能不走向那裡。他「躊躇了片刻，終於決定往前走，並故意跺腳彎腰撿起了兩塊土疙瘩」。一邊期望能把對方驚走，另一面也讓對方看到他是有抗擊準備的。沒料到，他剛走了一段，那黑狀物猛地從山頂上朝著他跑下來，就在驚愕之間，那黑狀物已從他的頭頂飛過。哦！原來，那是一隻大鵰，它的習性與貓頭鷹相同，畫伏夜出。

高智晟說，上中學真正的苦還是飢餓和每天的長途往返。每天天不亮起來，熱一碗前天晚上留下的飯，「是用甜菜葉子或其它菜煮熟後，再用高粱麵和成糊倒進沸騰的煮菜鍋裡，使清水變成了有點黏稠度的湯。喝了這樣一碗後，要經過近 14 小時後再回至家吃晚飯，晚飯也還是喝這麼一肚子。這種飯食及進食模式三年一律。」求學路上，「嚴寒酷暑無阻、狂風暴雨無阻」。關於天氣，最讓他在乎的是下雨天，因爲那時沒有雨傘，一遇到雨天，就像他母親說的，「淋得像隻死雞」。到了教室裡，數小時間之內，他「坐的凳子上都往地上流著水，身上的衣服規律性地要靠著自己陰乾，那樣的一天是很不輕鬆的。水淋淋的衣褲穿在身上，那種難受難熬迄今沒有能力述說清楚。但最恐懼的雨天經歷是初春和晚秋時節。春寒料峭，秋風凄雨，那是詩境；這種時節遭逢雨天，那叫個苦。尤其是秋雨，在清冷中，雨下得是不急不躁，耐心十足。在這樣的雨淋裡，愁苦有時會讓人生出絕望，抬眼望去，整個世界浸泡在亮生生的冷雨中」。但是，他的經驗是「在惡劣的天氣裡誇張地奮力前行。奮力的結果是，在行進中，大大地減弱了苦楚的威力。最困難的還

47

是坐在教室裡的頭幾個小時,那是無力改變的。而冬季最大的苦楚是早晨那鋒利如刀的寒風。最特別的遭遇是,有時竟出現竭盡全力奮力而不能前行半步的情形。」

「客觀而論,按著固化了的托模標準,我在中學時期不算是個好學生,我喜歡一個人獨處時學習,人多時則喜歡逗樂子,俗間稱調皮。─高智晟」

對於在中學裡的學習經歷及功用,高智晟「認為它的作用是技術性的。那時,全中國都沒有幾本有用的書可讀,消滅了書,消滅了讀書人的膽氣,是那時政治所製造的『偉績』。課本就是中學生的全部世界」。他進一步說道,「在三年的中學生涯中,從未在班裡誰的手上見過一本課外讀本。中學生的意識世界被禁錮在單調的課本上。上中學只成了一個技術過程,對於文字,我們只是有了量的積累,對文字的技術支配能力,可以說沒有獲得。而量的積累條件也十分拘限。對於寫作,今天回過頭來審視,那真是一種不幸,那些關於寫作的灌輸,它實際上起到的作用是在弱化、拘限人的思想能力,模化人的意識模式。當我們有了自覺的思考能力時,我認為我的老師針對我們的許多施教措施,都不宜在人類群體中提倡。那種教育機制,它的結果是捆綁了學生的人格和思想。它拓通的不是獨立人格和自由思想的生成之路,而是把所有人的人格和思想驅趕進一個預製場,那裡的預製構件是死的,但卻是一律的托模。你看學生的作文若其還有種特別的話,那就是它的一律的共性,唯一跟作文有關的個性那就是學生自己的署名。老師自己首先就局限了自己,現在我不大清楚,記得那時候的老師每個人手頭都有一種叫

講義的本子。看那情形是，總不肯輕易修改的，更不可以變換。一本長期不更換的講義，實際上使啓發學生心智的老師自己的思想先硬化，他們的認識、見識也會慢慢地退化。使自己本身成了一種機械，一種死的工具。作爲一個中國人，我此生最大幸運無過於沒有再繼續讀高中、讀大學。」

　　高智晟自己說，在學校裡，按著傳統的標準他不是一個好學生。在中學有點名氣卻是因著他的調皮，因爲不太安分守己，不大聽老師的話，常被老師處罰。其中有兩個老師對他的辱罵和體罰給高智晟留下了極壞的記憶。一個週六的下午，初二年級的一、二班合併在一個教室上課，因爲週日教育「專幹」要來檢查驗收、聽課。初二年級的語文老師李天德當時讀錯了一個字，他舉手後給指了出來。儘管他確有顯擺的動機，但也有爲老師著想的一面，覺得幹部聽課中出錯對老師是沒有好處的。不料，李老師聽了以後從從容容把書本一合，突然提起嗓門讓他站起來，其喝斥聲像炸雷一般，接著對他進行了近十分鐘的全然失控的辱罵。「不愧是語文老師，那罵詞滂沛，上迄祖宗父母，旁連兄弟，這大概是熟人社會最大的優勢」。這個所謂的老師甚至罵道，「翻一翻你們祖宗八代沒有一個好種」。作爲一個十五、六歲的少年，他當時的心裡充滿了恐懼和無助，而且老師是當著全年級近八十個同學的面。他面紅耳赤、無地自容，恨不能鑽到地裡面去。另一個叫崔徐章的老師則對他進行了體罰。那是在一天的自習時間，他擅自講話，而被在教室外偷聽了好一陣的崔老師抓住了把柄。崔老師進來一把抓住他的衣領將他拎起來說，「逮的就是你」，然後將他拖出了教室。被老師拎著，他只能踮著腳尖前行。崔老師惡狠狠地說「我今天要弄死你」，將他拎進了高一班教室的講台上，換了手揪住他的頭髮，迫

使他仰起頭，並且要他先說「我不要臉」，然後詳細講講自己如何的調皮，讓他「眞的羞愧得不知如何是好！」假如他略有猶豫，老師的手就會更使勁，他不敢違背。整整一個下午，他就這樣被拎著遊鬥，一個教室接著一個教室。在被遊鬥了第一個教室後，他已經大汗淋漓，從第三個教室出來後，他哀求老師放開他，並保證不再調皮，但是沒有用。當看見老師的臉上得意地露出少有的雍容嫻雅，他很後悔他的哀求。老師沒有因爲他的哀求和保證，停止對他的侮辱性的體罰，他從開始的麻木中清醒過來，在後面的遊鬥中，他咬著牙不說一句話，儘管那個狠毒的老師用大頭鞋猛踢他的小腿、狠勁向上拽他的頭髮。

高智晟的調皮不安分以及頗爲強悍的個性，讓他在一些老師的面前吃了不少苦頭。然而，他在中學期間的學習成績名列前茅，一般在前五名，而且從 1978 年春季開學，他居然擔任了班裡的團支書。這或許說明，那些老師的教學對他來說，是相當的無味和沒有吸引力。另外，他在家書中告訴孩子們，「我在中學三年裡學習的一項本領有必要向你提及，那就是交際。我好與人交往，我在這方面與我的同學有一個明顯的不同，他們的交際都局限在本班或本年級，我的交際範圍則是在全校，尤其喜歡與高年級的同學交往。」高智晟很強的社交能力，無疑在他後來的律師職業中起了很大的作用。

「我走出了中學校門，加入苦人的大陣，成爲一名受苦人成了必然歸向，但一生能做一個好受苦人亦屬於一種能力。──高智晟」

　　1980 年，17 歲的高智晟初中畢業，他的考試成績達到了縣重點高中的錄取標準。但是，貧窮的家庭已經不能再支持他繼續讀書，那一年，他的學生時代結束了。因爲不能上高中了，他流過淚。還有讓他「一個人偷偷地流過淚」並且「迄今耿耿於懷」的是，他們全班的畢業照，至今沒有能看到。「因爲當時一張照片要一元七角」，而他「終於沒有湊夠這筆錢」。

　　高智晟的父親說他長得「細蹄細爪」，「生在這種受苦人家裡，卻沒生成一雙受苦人的手腳，一輩子餓不死就算稀奇事」。他父親的描述很像是預言，我們的大英雄命中註定不是農民。事實上，他既做不好農活，連貌似簡單的放羊也會出差錯。不過，在當地農村，初中畢業的他，應該算是一個小知識分子了。

　　當年的下半年，他被村子裡外派爲修路的義務工，只給飯吃沒有工錢。他和幾個義務工住在一個熟人家裡，幾乎每天晚上，大家聚在一起聽他講《三國演義》，講《隋唐傳》，實際上他是「現炒現賣」。那時他結識了鄰村的一位好朋友，那位朋友家裡有很多的小說和連環畫，而且是非常大方地借給他看，「有求必應，要幾本就給幾本，想看多長時間就看多長時間」。對比他 7 歲時渴望了一年時間、在小夥伴的慷慨資助下用一角二分買的《二士爭功》來，十年後的他，好朋友的家成了他的個人圖書館！他「帶著活生生的饑渴，利用起所有那個時間階段的多餘精力，一遍又一遍地看那些圖書。三國世界的雄大、竑闊，梁山好漢們血性勇爲的酣暢淋漓，使人感情激越，血脈賁張。」他感到，那些書籍比「課本要有趣得多，博大得多」。儘管「義務工的勞動強度很大，一天勞作十幾個小時」，但是他「仍覺得那段勞動生活頗爲恬意，這恬意的理由就是晚飯後講故事給人聽」。

「這個階段裡，為了擺脫與艱苦命運的糾結，我從未停止過努力，終於像車陷在泥潭裡的努力：越使勁越深陷。—高智晟」

1982 年一整年，他和弟弟離家打工，幾乎以生命的代價伐木、拉煤，結果工錢被黑而兩手空空。接著在 1983 年他去了新疆喀什市疏勒縣 36127 部隊當兵，「全心全意想轉個志願兵而脫離農門，並且認為轉了志願兵即一生幸福無邊」。當兵的第一年，真的讓他「眼花繚亂，真彷彿進入了一個新的世界」。從那時起，他的眼界打開了，長了很多的見識：「第一次知道了洗澡是怎麼回事。第一次聽說還有錄音機，第一次見到了香蕉、石榴等水果，第一次睡覺鋪上了褥子，第一次見到並吃上了大米飯，第一次吃上了炒菜，第一次開始刷牙，第一次用上了肥皂；第一次見到大電視機，第一次晚上睡覺不再光著身子，第一次開始了外穿外衣、內穿內衣的生活，第一次見到了室內竟然有廁所、地上竟鋪著地毯的房子等等、等等等等的第一次。」

在當兵期間，上帝給他安排了他之後人生旅途上的伴侶耿和女士，1986 年她入伍到了通訊十連，高智晟是該連的司務長。然而，他的誠實正直和鐵面無私卻使他不能繼續留在那個充滿腐敗的大染缸裡。因為他所在連那個自私自利、專門想沾國家便宜的連長的報復及陷害，儘管他沒有被復員回農村，但也沒有轉成志願兵，而是在 1987 年被退伍到了喀什市拉絲廠做工人、有了個城市戶口。那個拉絲廠是鄉鎮企業，經營得非常不好，高智晟向喀什市領導反映問題，並且「提出承包並獨立經營，政府不當有任何干預，最終沒被允應」，不久「拉絲廠終於山窮水盡」。他「原來以為留在城市、弄個城市戶口，剩下的就是一路地幸福下去，拉絲廠幹了兩年才發

現根本不是那麼回事。才發現城市人的層級是那樣的分明，最明顯的是幹部和工人，地位待遇的冰火兩重天」。他「取得了城市戶口，不過是使城市特困群體加大了陣容」。也就是說，他以前是一個貧窮的農民，進城後變成了一個貧窮的城市人。

高智晟想經營生意掙些錢，1988 年，他和廠裡的一個工人合資兩千多元買了一輛二手農用機動四輪車，讓他弟弟開車給人拉貨。結果，一年下來，錢沒有賺到還虧欠了一千多元，連弟弟回鄉的路費也要跟別人借。不可思議的是，那機器在別人手裡時挺好的，原車主是他的單位同事，偏偏到了他手上以後是三天兩頭地壞。那時，耿和常常週末去看他們，「她印象最深的就是，車總是壞得不能跑」。

「那時是我命運的休眠期，或者說我那個時期階段性的命運根本就是隻扶不上樹的死貓。終於，我把戰友也給拖累得苦不堪言，一個一個的失敗不可思議地臨到我們，終至仰天長嘆後無奈放棄。—高智晟」

1989 年年初，耿和復員回到了她的家鄉烏魯木齊。不久，高智晟也去了烏魯木齊爲自己尋找機會，可幾個月過去了毫無收穫。於是他向一個非常要好的戰友求助，到了距烏市約兩百公里的石河子市，那位戰友眞心全力地幫助了他。在那個時代，中國是「一切向錢看」，可他掙錢的路子沒有一條是通的。例如，那個時候，他的戰友給經營水果的二倒販子跑車，搶季節性地從南疆拉回各類水果在石河子市場批發，每次拉水果回來後，送他幾大箱水果，賣的錢全歸他，這是一個名副其實的無本生意。高智晟自嘲道，「這樣

的條件若再賺不了錢，那就乾乾脆脆成了奇蹟，可這樣的奇蹟也就被我給乾乾脆脆地創造出來。那甜美的庫車小白杏，我能在一個繁華的市場裡創下三天賣不出一斤的奇蹟，眞的，那會是怎樣的一種焦慮煎熬！那是怎麼的一種灰頭土臉的感受，賣什麼就一定會把什麼爛在手裡，你眞的能有一種絕望的煎熬。二十幾天，又是以一個乾乾脆脆的失敗局面告終。」其它的幾次戰友們出資出力幫助他的努力都以莫名其妙的失敗而告終。一次戰友們去煤礦拉兩車煤要送給他賣，在「快到煤礦時卻出了嚴重的兩車追尾的事故」。但是「兩個駕駛員都是開了七八年車的老兵，這種事故是他們從未遭遇過的」。其中一位老司機「滿面苦相」地對他說，「高智晟，行啦。這就是你的命運。誰要幫你誰倒楣，誰要堅持幫你，誰就會倒楣得很慘。」他決定「不再拖累戰友」，返回了烏魯木齊。

他和耿和商定他去卡子灣地區推著自行車流動賣菜，因為怕在菜市場中擺攤碰到她家的熟人。這是一個非常辛苦的小買賣，每天天不亮，他要騎十六、七公里，到火車南站貨場批發菜，然後騎回到卡子灣賣。因為路途遠和顛簸，他只能買進大蒜一類的、不怕凋萎的菜。賣完了以後，再做當天的第二次買賣。還有，如果車子後面過重，而他的體重壓不住自行車，行進中就會出現自行車前軲轆被高高翹離路面的情形，這是非常危險的。他被其它車輛擠下路邊渠溝的事時常發生，身體也常常被劃傷、擦傷，「可以說是遍體鱗傷」。他在家書中寫道，「卡子灣是烏市空氣最污濁的地區，鋼鐵廠、皮革廠、化工廠，整天不絕如縷的大型拉煤車。每天下來不僅人的外表看上去灰頭土臉，而眞正灰頭土臉的是在心裡。」到了1990 年 7 月的一天，他決定不再繼續這種小買賣了，因為那天他在穿過和平渠上的「單板橋」時連人帶車摔了下去，差點丟了性命。

除了「灰頭土臉」、掙錢少和危險外，高智晟停止賣菜的一個很重要的原因是他打算要「參加高等教育自學考試」。一天有一位顧客買菜時丟下了看完的半張報紙，「報上有一則廣告說：未來中國需要大量的律師，而參加自學考試是獲取律師資格的路徑之一」，於是他就在心裡常盤算著這件事。當時他的戶籍在喀什市，「自學考試還必須回到戶籍所在地進行」，而且湊巧的是「拉絲廠也帶話過來要求回廠」。於是他決定返回喀什拉絲廠。

「原計劃我們於 1990 年的 8 月 1 日結婚，這是為了紀念我們曾經的當兵生活，結果我們卻是在 7 月 31 日領了結婚證，因為（耿和）8 月 1 日白天上班出不來，……神將一位表裡如一的美女給了我，做了我的妻子。─高智晟」

高智晟認為，與 1983 年當兵前的時期一樣，1988 年至 1993 年是他的又一個「人生中最為艱困的時期」。耿和「以她的簡單、樸實和善良」，決絕地、堅定不移地相信他、支持他、幫助他和深情地愛著他。在他離開烏魯木齊的前一天，1990 年 7 月 31 日下午四點鐘，他們倆相約到卡子灣街道辦事處登記結婚。事實上，當時他們沒有「一切平常人結婚所需的房、物」，而耿和「更沒有父母的同意，家人的幫助，甚至沒有一件像樣的衣服」，她「真的是個灰姑娘，一身灰色的工作服」。領了結婚證後，他告訴耿和說「明天一大早將離開烏魯木齊回喀什市」，她低頭哭了。他一語不發悄悄地站在她跟前，這樣面對面默默地站了一會，他對耿和說：「你回去吧，我今晚在碾子溝客運站附近住一夜，明天一大早就走了，你照顧好你自己。」「我把路費給你」，說著耿和掏出錢交給

了他。他們倆「談對象（也常說成是談戀愛）近五年，終於在一種黯然的氛圍中，在形式上掀開了婚姻的序幕」。

離開了耿和、離開了烏魯木齊，高智晟在喀什拉絲廠「有意地放縱了大半年」，「1991年的春夏秋三季裡，（他）幾乎就是在閒聊與打牌中度過」，而他以前「是極不喜歡玩牌的」。儘管如此，他心裡清楚得很，「可憐的」耿和「還眼巴巴地等著」。到了冬季，廠裡停產，本來低得可憐的工資也發不出了。他「決定開始參加自學考試，但參加自學考試也是需要點經濟基礎的，光每次報名費就得一百幾十元，一年需交兩次報名費。還有價格不低的教材費用，舉債顯然不現實」。怎麼辦呢？說來有趣，就在他似乎走投無路的時候，財路突然向他敞開了。他找到一位個體加工皮夾克的戰友，說希望能幫著推銷皮衣而掙得一些提成。那位戰友直接把皮夾克賒銷給他，說等賣完了再給錢。第一次賒了四十件六千元的皮夾克，連路費都是借來的，意想不到的是，「這些皮夾克到了石河子沒幾天就售罄，得款一萬二千元，掙得了百分百的利潤」。第二次又提了一萬多元的貨，到石河子、昌吉等地賣，淨賺一萬多元。1992年中國新年前，高智晟的「腰包裡第一次竟有了那麼多的錢」，一萬六千多元錢，儘管有一萬元的帳幾個月後才收回。

人逢喜事精神爽。有了一些錢的高智晟和耿和在一起過1992年的中國新年，這是他們在耿和復員後的第一次共度佳節。尤其令他們高興的是，耿和的父母終於「正式接納了」高智晟這位女婿。中國新年一過完，他就回到喀什市開始了日常的自學生活，準備參加4月份的考試。這樣的選擇使得他喜歡看書的習慣納入了一個目標，他沒想到，這竟完全改變了他的人生。

「現在回過頭來縱向地看，完全可以得出結論，這是神爲我預備了的路，而此前所有的淬礪，都是行走在這條道路上所必須的。而且它對我人生命運的影響的現在和將來，仍將發揮著蓬蓬勃勃的作用，這絕不是信口開河。—— 高智晟」

考試結束後，1992 年 5 月中旬，高智晟和耿和到他的陝北老家去見他的母親。當他們一出現在腦畔山路時，他的弟弟大喊「媽，三哥回來啦」。然後跑上山來接應，他的母親從窯洞裡跑了出來。五年不見，母親的頭髮全白了。看著白髮親娘，高智晟不禁難受地哭了起來，而母親卻笑著說他眼淚太多，「帶媳婦回來是大喜事，老年人頭髮白是很平常的」。夫妻倆與母親一起住了大約一週後，又去了山西、河北、北京、山東、上海、南京、西安和華陰看望哥哥、姊姊以及一些親戚，順便也在途中觀光，一個多月後回到了烏魯木齊。這時，耿和已經在水泥廠總廠機關工作，她向廠裡要到了一套小平房，他們終於有了一個自己的家！由於心裡掛牽著自學考試的事，7 月份高智晟返回喀什。

對 4 月份的考試成績，高智晟的心裡沒有底。他「沒有讀過正式高中，自學起來是有些困難」，而大學學歷似乎充滿了神祕色彩。他原來期望，報考的三門能有一門通過就滿意了，結果「三門竟有兩門過了關，而其中一門得了零分是因爲把准考證號給填錯了一位數字」。這超過預期的成績，讓他爲之精神大振，這次的成績提振了他整個的自學考試，乃至律師資格考試的信心。他把這個喜訊寫信告訴了耿和，她分享了他的喜悅，覆信時她又給了他一個驚喜，她懷孕了。這就是常說的雙喜臨門。

烏魯木齊至喀什，1500 公里路程，長途客車整整要顛簸 3 天。

1993 年 3 月份，高智晟開始在烏魯木齊水泥廠一分廠打工，「那真是一種非人的工作環境」。他的工作是看磨機，「那裡只有一種聲音，就是震耳欲聾的磨機聲，那裡只能看見一種物質，就是粉塵。工人之間常相互能摸到但看不到。以冬季為例，不管你穿得多厚，回家一脫光，身上會附一層水泥粉塵」。一個月後，他又必須回到喀什參加考試。到達喀什的第二天，4 月 17 日，他的女兒耿格在烏魯木齊出生。考完試後回到家，女兒已經 8 天大了。

「我決定買下這套價格 183 元的《律師資格考試大綱》，並默默地提醒自己，既然作出了選擇即不可再搖擺，作為效率和經濟方面最理想的局面是一年之內考取律師資格。後來我實現了這個目標。──高智晟」

高智晟夫妻兩地分居的問題，折騰了三年多，到了 1993 年底、1994 年初才解決。戶口調到了烏魯木齊後，他自學的勁頭更大了。有時白天在家，他看書、做飯還要看著女兒。在廠裡上班時，一有空就看書。1994 年 10 月，他自學法律大專的考試結束，「領到了全科合格證」之後，他做的第一件事就是到書店去翻閱和購買《律師資格考試大綱》及其考試材料。他當時感覺「這是一次頗神聖的安排」，因為在自學考試結束之前，他從不敢翻閱這套書。那是在烏市西北路的新華書店三樓，在瀏覽考試大綱一會兒後，他渾身「很快被汗水濕透了」。他知道，「自學法律大專所掌握的東西，距考取律師資格所需要的法律、法理知識量相差十萬八千里」。「自學大專畢業所獲得的那點法律知識，只是點觸到了法律知識的平面，不僅談不到法學知識的深度，尚連水平的幅面都遠未盡收眼

底。」

考取律師資格，是他訂下的一個「宏大的目標」。通過幾個案例的分析，高智晟有了「一個可喜的意識，意識到法律知識能力應當是應用法律知識平面與法學理論深度的並進積累」。並且，他認識到「下階段學習的目標不能再單純地技術性地爲了考試，而是爲了將來做律師而準備的既有曠廣的幅面，又應有深度的法學知識準備」。他在家書中分析道，「後來的經歷證明這種意識的調整的確是一個大收穫，使我受益不淺。」1994 年至 1995 年，凡是熟悉他的人大致上都會有這樣的印象，就是他無論在哪裡，無論是走著、站著、坐著，「都是挾著一本書，且見縫插針，得空就看」。那段時期，他是水泥廠的推銷員，有利於他的讀書，因爲他的「工作時間是鬆散而彈性的」。而外出推銷，有大量的時間耗在路途上，他只要一上公共汽車，就會一手握緊扶手一手拿著書看。這幾乎成了他「那段時期的主要讀書場所和讀書方式」。「另一個主要的讀書時間是夜裡的幾個小時」。無論再忙，他「每天都寫出一千字左右的一篇自命題作文，從不中輟。白天學習實用法律知識，晚上學習法理知識」。

1995 年 8 月，他參加了新疆司法廳開辦的 95 年度律師資格考試輔導班，「每天晚上下課後開始夜戰」，「每夜要學到凌晨四點半到五點，倒地睡兩個小時後趕回去上班。主要是集體大量分析案例和關涉法理方面的問題，那種學習效果以及技術性提高的速度令人振奮」。功夫不負有心人。就在 1995 年下半年，高智晟先生考取了律師資格！讀者需要知道的是，「那時全國律考每年錄取率均在百分之一左右，新疆地區還達不到這一水平」。參加輔導班有幾百人，大多是科班出身，還有不少是研究生。輔導班一共有 5

個人獲得了律師資格，我們的大英雄高智晟真的是百裡挑一。

「幾十年過去了，那籤上的兩句話我仍記得清清楚楚：『勞心費力欲成功，待到花開一陣風。』那解說者卻說『從籤中內容看，神給你預備的飯碗不在這條道，時機還遠遠沒有到來。』──高智晟」

那年在參加中專統考結束的第二天，高智晟去廟裡抽到了上面的一個籤。在簡略地釐清整理了他走過的成才之路，筆者與那位解說者有同感。從高智晟離開學校到考取律師資格，筆者覺得他是在冥冥之中被「命運」推著一步一步走的。當他想要擺脫貧窮而打工、當兵、當工人甚至做小買賣時，上帝總是給他關上門，但是恩慈的上帝同時給他打開一扇窗，讓他心中一直充滿光亮和「巴望」。同樣是考試，考中專時，他沒有被錄取，可是班上有些平時學習成績比他差的同學考上了；考律師資格時，他成功了，而輔導班上很多比他學歷高的人都名落孫山。上帝的恩典，加上他自己的不懈努力，是他成功的祕訣。

高智晟先生從 2017 年 8 月 13 日被失蹤了，至今杳無音訊。他為了改變中國的努力，使他付出了巨大的代價。我們也知道，他的家人和親人們，也深受中共非人性的折磨和迫害，至今創傷未平。對於經歷的苦難，他在家書中明確地寫道，「我認為是 1983 年的當兵前的時期，和 1988 年至 1993 年這兩個時期」。「儘管有些人認為當前的我也是處在個人人生命運的困厄挫辱時期，但我自己卻不這樣認為」。「因為這一時期挫辱表面上看是個人的，實則不然，許許多多的善良的人也在承受著，對這些過程我是有預期

的，是個人積極追求的結果。它將是國家、民族命運浩蕩巨變的必
要的階段；它是國家、民族未來光明和榮耀的必須的基礎，亦是必
須的救贖成本。在這樣的過程中沒有屬於個人的愁和苦。」我們從
高智晟先生博大厚愛的話語中，看到了他的信心和他對我們的安
慰。

註：（1）《耿格：我畢業了，是和爸爸同時畢業的》
https://www.epochtimes.com/b5/17/7/15/n9403481.htm

生死一線的神奇經歷

在《2017，起來中國：酷刑下的維權律師高智晟自述》的第二部「神的普遍啟示和特別見證」中，高智晟先生分享了許多他個人的「親身經歷領受的奇妙之事」。那些是他認識了神之後、在被中共祕密抓捕、關黑牢、受酷刑和「被釋放」的 10 年（從 2005 年至 2015 年）中的見證和感悟。其實，從他出生到成為律師的過程中，在他認識神之前，也有一些鮮為人知的神奇經歷，這些經歷似乎都表明人的生死就在一線間。

「至今覺得那個過程有些奇妙。……世界突然變得沒有了一點聲音，那是一生再沒有遇到的一種靜境，看到的、聽到的都是一片的靜。—高智晟」

因為家境貧寒，高智晟先生 10 歲才開始上學。在他 10 歲之前，他常常與弟弟以及村裡的一些小夥伴，整天一起玩耍。1967 年冬天的一天，4 歲的他和弟弟以及其他的一群孩子，在一處峭陡的土

坡上玩，坡的底部是大約四、五米深的溝壑。大家相互地你追我趕，玩得不亦樂乎。他一邊尖聲叫著奔跑在前，後面是另一個頑皮的孩子在猛追，他還不時地扭頭刺激那個追趕著他的夥伴。突然，在狂奔中他的腳被地上的什麼東西絆了一下，人就摔進了溝裡，而溝底全是亂七八糟的爐渣和碎石。

他記得，在掉進溝底後，當時他並沒有哭，或者至少是沒有聽到自己哭，而且沒有感到任何的疼痛。他慢慢地爬起來跪在地上，耳朵聽不到一丁點聲音，周圍的一切變得十分安靜。不過，他感覺到地面在旋轉，一會兒朝這邊轉，一會兒又朝那邊倒轉。很快，他看到一群大人小孩從溝的出口處跑進來，卻還是沒有一點聲音。這時，他感到鼻子下方吹起的一個鼻涕泡泡在慢慢變大。人群跑到他的身邊時，他感覺地面猛然地翻轉過去。他被一個大人一把抓住雙腿、倒提著頭朝底腳朝上，後背上被猛擊幾掌，然後被使勁地揉搓。他聽到了他自己哇地哭出聲來，世界同時變得很嘈雜，地面也被翻轉了過來。他認出了剛剛倒提著他的大人是一位伯伯，接著他被那位伯伯扛在肩上，在一群孩子的簇擁下被送回了家。當天夜裡，他的父母輪流值夜不讓他睡著，說是怕他睡著了會變傻。還有讓他終生難忘的是，第二天吃早飯時，父親給了他半個土豆，並大聲對他說，「沒有摔死，有功啦咹！」這意外的半個土豆，是父親心疼他這個大難不死的兒子，儘管話說得「凶巴巴地」。要知道，那個時候在他赤貧的家裡，只有整天幹農活而有著胃病的父親才能每天享受到一個土豆呢，其他人的早餐經常是穀糠饃饃。

「我衷心地感謝神在死亡中托起了我們五個孩子的生命，神的愛與大能無時無處不在。—高智晟」

63

　　1975 年 5 月 19 日，高智晟的父親在 43 歲時因胃癌不幸逝世（參閱本書中的故事《高智晟早逝的親人們》）。12 歲的他和 10 歲的弟弟，開始承擔了爲家裡掙錢、買糧和還債的一部分任務，因此他基本上處於失學的狀態。而掙錢的手段則是兄弟倆上山挖一種名字叫做「遠志」的藥材，由母親處理、將其曬乾後他們拿去賣錢。在有藥材可挖的季節，兄弟倆平均每天能夠掙得一塊錢左右，這在當時，是家裡一筆不小的收入。然而，在 1976 年 7 月底的一天，他和弟弟依然去挖藥材，帶上了妹妹，與他們結伴同行的還有村裡的一對經常和他們一起玩耍的、去拔羊草的兄妹。由於大自然的造化，他們五個人險些全部喪失了生命。

　　那一天天還未亮，按照一天前的約定，他們五人一起到了一處叫高崖坬的地方。那對拔羊草的兄妹去了有草的地方，而他們兄妹三人則尋找大多生長在亂石崖畔、石坡和石坬上的藥材。晌午時分，他們五人又聚在一起返回，可是在途中爲了抄近路遭遇了差點喪命的危險。八、九天前那裡下過一場大暴雨。在陝北黃土高原上，「一遇大雨，千山萬壑，大量的泥土在這樣過程中被洪水帶走。一場洪水過後，河溝中一些原有的深潭會被沉澱泥土填平，也會製造出新的潭淵。被洪水所帶泥土新填沒的原深潭是最危險的去處。因爲幾天後，河流又澄澈如舊。有些深潭原址看上去極具欺騙性，只有二、三十公分深的水，不了解它的原貌的人，完全以爲能輕鬆涉水而過」，其實那些剛被泥土填平的深潭是可怕的死亡陷阱！

　　在他們經過一個不太寬的河溝時，只見水清澈見底，不到三十公分深，他們都只穿一件小褲衩，五個人一齊過河。可是，剛走進河裡，他們的身體快速地在泥漿中往下沉，大概只有幾秒鐘的功夫，除高智晟外的四個人一齊大聲嚎哭，其尖叫聲讓他毛骨悚然。

在他的記憶中，他身邊的人發出那樣使人恐怖的慘叫聲，那是第一次，也是唯一的一次。在後來回憶中，令他不解的是，爲什麼當時他是唯一沒有哭的。說時遲那時快，他的心裡忽然一豁亮，他拚命地、下命令似地尖叫了一聲，「都看我」。他那聲下命令的尖叫，也是他記憶中唯一的一次對自己也是對他人陌生的、似乎是「穿山透地的尖叫」。他立即俯下身子、在淤泥上向前爬，什麼也沒來得及想，居然一下子就成功地爬上了岸，其他的四個人也都成功地爬了出來。

五個人爬上岸後，「剛剛擺脫了死亡，卻沒有擺脫對死亡的恐懼」，個個嚇得渾身發抖。接著「五個人又開始哭，哭得恣恣肆肆」。高智晟邊哭邊看了一下夥伴們，每個人都與他一樣，渾身抖個不停，滿身都是泥漿，而他們眼裡的那種恐懼的神色讓他終生不能忘記。他想著，本來在幾分鐘前、過河前大家「還都有說有笑的，現在卻被突如其來的恐懼完全懾覆」。這時，神使鬼差的他突然昂著頭、依然流著淚大聲唱起了《大海航行靠舵手》（一首「十年文革」中流行的歌頌毛澤東的紅歌）。他這麼一唱，其他人的哭聲頓然停止、瞬間也扯著嗓子跟著大聲唱起來。那時的場景很有戲劇性：「五張布滿分不清是泥水還是淚水的臉，加之一片哭聲嚎叫中突然飆起了唱歌聲，這種滑稽的娛樂場面，立即在五人中產生了神奇的共鳴和默契，恐懼迅速被拋棄。」那年他13歲。幾十年以後，當年的夥伴們見面時，「一提到那次經歷，必然規律性地會先講到那滑稽的大（合）唱，其次才會講到危險場景。每次都無一例外地會笑得周身顛顛。那驟生驟死早成爲那滑稽娛樂的有機組成。」

「和平渠不和平，三十年吞噬上千條生命—高智晟」

　　據高智晟先生的記憶，這大約是 1999 年的新疆《都市消費晨報》某一天頭版刊發的一篇文章的標題，那時他已經被聘爲該報的法律顧問。和平渠是烏魯木齊市的一條南北縱貫市區的輸水渠。1946 年修建並由當時的新疆省主席張治中建議命名的。1949 年中共七萬人的軍隊進駐了烏魯木齊，而當時該市的人口才八萬人。爲了解決吃飯問題，共軍只得大肆開墾種糧，因此在 1949 年多至 1950 年春對和平渠進行了整修和擴建，以保證墾地的用水。

　　他與和平渠的故事，發生在 1990 年 7 月。他後來告訴孩子們說，在做律師之前，有一段時期是他「人生中最爲艱困的時期」，小時候「苦是苦了身，而那個時段的苦是身心俱苦」。他當兵退伍後，住在烏魯木齊市卡子灣，因爲在當兵時認識了耿和並一直相愛著，耿和的家在那兒。他當時沒有工作，是耿和給了他鼓勵、支持、信心和力量，每天他靠賣菜謀生。

　　可能是由於大自然被中共多年破壞的緣故，高智晟說當時的和平渠是烏魯木齊市「家喻戶曉的排廢渠」。他描述「這條渠的性情與它的名字所表達的意義卻完全相反。它那水流速度可以用狂瀉來形容。任何人，只要摔進去，能活下來的概率幾乎爲零。一念之間，幾十米就出去了。加之它的渠兩側石板砌的嚴絲合縫，落水者是無法抓攀住的。人掉下去會百分之百的無法逃生，烏市沒有人會反對這種結論」。然而，「百分之百」卻遇到了神奇的例外，而那個例外就是他。

　　那天，他推著後面馱著滿滿一大筐大蒜的自行車，要經過一條用單塊混凝土槽心板橫跨在和平渠上的「橋」。由於「橋面」很窄，平時一個人空著手經過時心裡也會有點發慌，因爲以前多次從上面經過，他認爲只要足夠的小心是可以安全通過的。可是，那天後面

馱的大蒜可能過多了，在馬路上推著時都搖搖晃晃的，在過「橋」的時候他力不從心、穩不住車子，突然連人帶車一起栽了下去。幸運的是，他的自行車是「飛鴿牌」加重型的，車架長而堅固，而和平渠的底部比較狹窄，俗話說無巧不成書，自行車掉下去的時侯剛好橫向卡在渠底，他緊緊地摟著自行車的橫樑而沒有被快速的水流沖走。橫在渠底的自行車使他能夠脫離險境、從渠底爬上來，然後在路人的幫助下將自行車從渠底拖了出來。那次「有驚有險的」事故讓他損失了「一付秤盤、秤桿及秤砣」和「一大筐大蒜」，也給他留下了「對和平渠的心中餘悸」。

　　高智晟先生的母親信神，她生前常說，「窮人的孩子天照應著，我一輩子不做一點虧心的事，神會保佑我們的」。在閱讀、釐清和寫出這些成文的故事的時候，筆者真切地感到，高智晟先生帶有傳奇色彩的成長過程說明，冥冥之中自有定數。高智晟先生從一個「窮人的孩子」到認識了神成爲「上帝的孩子」，從而讓他變成了當代中國的良心、勇氣和脊樑。

高智晟與耿和的愛情

「在天願作比翼鳥，在地願爲連理枝」。這出自唐朝詩人白居易所作的長篇敘事詩《長恨歌》中的經典名句，用來評價高智晟與耿和的愛情是非常恰當的。

「1967 年，是爸爸人生命運中極重要的一年，這種重要性深刻地影響著、改變著、並終生支持著爸爸人生命運及事業的向上發展和走向浩大。這一年的 10 月 6 日，遠在新疆的烏魯木齊的一個普通人家裡生下一個美麗、健康的女嬰，感謝我的神，這個美麗的女孩就是神為我預備的我未來的妻子，你和姊姊的媽媽。─高智晟的家書《爸爸的故事》」

耿和是一位性情中人，是典型的賢妻良母。在帶著孩子逃亡到美國之後，整天地忙碌不停，一人將二個孩子撫養成人，以致太多的時候沒有給自己喘息的時間。她是傳統保守的，極不喜歡張揚，也很不願談及自己的家庭背景與自己的成長。她把自己的一切交付

給了高智晟以及孩子們，而留給自己的太少太少。

高智晟出生在陝北農村的一個近乎赤貧的家庭中。而耿和出生在新疆烏魯木齊市，儘管家庭普通，但卻是中國人所說的「城裡人」。在當時的中國，城鄉差別巨大，因為城市居民享受多種農村人沒有的「福利」，例如糧食供應和良好的醫療條件等等。即使在今天，中國城市人的生活依然比農村人「優越」得多。我們在下面將看到，高智晟與耿和能夠走到一起是非常不容易的。高智晟篤信這是神的安排。

耿和是她父母的第二個孩子。上面是姊姊，下面兩個妹妹。她說：「由於家中沒有男孩就一直把我當男孩子養，使我在四姊妹中身體也是最強壯最皮實一個」。這就是日後家裡讓她參軍的原因。她的父親從北京一所部隊退役後，響應中國政府「支援新疆建設」的政策，與她母親一起到了烏魯木齊市工作與生活。

耿和從小學、初中到高中的學習都是在烏魯木齊市所謂的單位子弟的學校。在中國，大的企事業都可以擁有自己的學校、醫院與俱樂部等等，以方便本單位職工的家屬和孩子，例如常見的鐵路職工子弟學校與鐵路職工醫院。

在學校裡，耿和是積極向上、求進步的好學生。據她說，在其它方面如唱歌跳舞等，「沒有什麼特長，就是有習慣性陪退休爸爸早晨跑操場。」

「司務長培訓期間唯一一件事讓我終身不忘，那就是我收到了你媽媽的來信，此前，我曾寫一封信向你媽媽表達我的傾慕之心，但她回了一封短信拒絕了。─高智晟的家書《爸爸的故事》」

　　高智晟在初中畢業後不得不走上社會自謀生路，但是殘酷的社會環境讓他這位年輕的農民窮困潦倒、走投無路，因此他不得不改變自己的處境。1983 年，高智晟到了新疆喀什市疏勒縣 36127 部隊當兵，「全心全意想轉個志願兵而脫離農門，並且認為轉了志願兵即一生幸福無邊」。

　　到了 1985 年，高智晟所在的 18 團新增女兵通信連，而且，他被連長點名讓他擔任了司務長。

　　他在家書中寫道：「那是個好人，他除了令我欽佩的正直外，他非常信任我，那段時間是我的軍人生涯中最辛苦的，卻是我最快樂的一段時間。」這個事件，就為故事的二位主人翁打開了他們之間的愛情與婚姻的大門。當年 18 歲的耿和就是通信連的一名新兵。高智晟對孩子說，「連隊組建不久，通信十連一百二十多名新兵名單到了我手裡，其中就有你媽媽的名字，這個名字從此與爸爸的命運緊緊地聯繫在一起，直到永遠。」

　　1986 年，高智晟參加了為期三個月的司務長培訓。他在家書中告訴孩子們：「我到了司務長培訓學校不久的一天早晨起床前，我夢到一輪初日東天升起，這是我有生以來第一次夢見太陽，我早晨告訴了我同年兵高增雁這一異夢，說可能會有影響一生的大事發生，他說他不懂。當天上午，正是高增雁交給了我你媽媽的來信，信中答應願意與我建立戀愛關係。」「此前，我曾寫一封信向你媽媽表達我的傾慕之心，但她回了一封短信拒絕了。」

　　這是怎麼一回事呢。

　　高智晟沒有說明當初是如何「傾慕」耿和的，他先前寫的一封信在什麼情況下被她拒絕。耿和說：「當時到部隊蠻要求上進的，沒有心思，不僅沒有看上他要求交朋友的信，也更沒有興趣看上軍

（中）類似其他幹部軍官這種信。不是求愛信，當時傍晚集體在電視房看新聞聯播時，他的助手在沒人注意時塞給我一封信，趕緊攥在手裡，過後打開一看是想與我交朋友的信，落款署名都不認識他是誰，長的啥樣？對不上號的，就揉碎扔了。」要知道，當時女兵新兵中出現談情說愛的不少，有的被遣返回原籍，所以部隊規定男女兵之間不能接觸、不能多交談。

這樣看來，高智晟與耿和之間的愛情並不是「一見鍾情」。「據耿和的描述，高智晟長得特難看。一米七八的個兒，一百多斤，瘦巴巴的。經常穿一條改裝的喇叭褲，四個兜的衣服，騎輛自行車，後面帶一個兜，裏面裝滿了給女兵們帶的麻花、蘋果，還有鞋帶子、衛生紙等等。」（1）但有一點可以肯定：高智晟一直對耿和「傾慕」，而耿和後來感覺到高智晟「人品還不錯」而值得信賴。

有一天，已經在南疆軍區會議樓當話務員的耿和看到高智晟，衝著他喊：「上士，你到這兒來！」高智晟就過去了。耿和問他怎麼老不來玩？高智晟只給她說了一句話：「不行。偶爾次數的遞增，就會產生必然的結果。」耿和曾告訴採訪的記者，「我當時朦朦朧朧的感覺到他的意思是說，他也想來找我，但這樣對我的政治生命或者前途會有影響。」「高智晟這麼爲我著想，我很感動。」（1）正是這個感動，讓她後來接受了高智晟，認定了高智晟，堅定地與高智晟走到了一起。

「你媽媽從未將我的貧困放在眼裡，更沒有放在心上，這是迄今我都感謝她的。我們在一起時總是快快樂樂，愛情是一種全環保的核動力，⋯⋯──高智晟的家書《爸爸的故事》」

　　1988 年，剛正不阿的高智晟遭到了新調上任連長的打壓而被復員到了喀什拉絲廠當工人。該廠「是那個年代運動式上馬鄉鎮企業的一個標本。一切都是由黨委、政府一手操辦，而錢卻由那些當時本就貧窮的農民集資。」

　　那一年，耿和還在部隊，他們每個周日都約會在一起。耿和見證了他的經濟艱困，連蔬菜都吃不起。只有在週日與耿和一起時，他才買三個雞蛋改善一頓中午飯。平時從不買蔬菜，一天三頓揪麵片，放些醬油、醋和大蒜沫。然而，「愛情是一種全環保的核動力」，他們「在一起時總是快快樂樂」的。

　　拉絲廠距離耿和所在的營地約 12 公里。每到週日，一大早，高智晟就騎自行車去接耿和。由於軍隊對女兵管束很嚴，從正門進去擔心給她帶來不良影響，他發現在院子圍牆西面的一個比較隱蔽的地方有一個洞，足以讓一人貓腰進出。而那洞的位置，恰巧在耿和宿舍樓的北面。他每次鑽進去叫耿和，然後跑回圍牆外「激動地」等她鑽出來。

　　週日，適逢維吾爾人的集市交易日。高智晟騎車帶著耿和去拉絲廠的路上，「驢車不絕如縷，驢身上多有銅鈴、鐵鈴披掛，所以一路上鈴聲與驢踢聲，人的歡笑聲匯成一路長陣，穿行其中，別有一番情致。」「天下熙熙皆爲利來，天下攘攘皆爲利往」。而他們「卻是個例外，穿梭於利競群體中，只爲情往」。情侶約會，時間如梭。「一天的時光瞬間即往。」下午天快黑的時候，他又騎車將耿和送回軍營。這樣兩次來回，「一天騎車行進 48 公里，可那是叫樂此不疲」。

　　「實在可以說，在絕大多數情形下，在一個人的一生一世中

只有一個人會爲你這樣無聲地在苦中煎熬自己，那就是母親。當然你若是一個足夠幸運的男人，在你的一生裡你還會遇到一位這樣的犧牲者，那就是你的妻子。爸爸要永遠地感恩我們的神給我的這種完整的幸運。─高智晟的家書《爸爸的故事》」

1989 年年初，耿和復員回烏魯木齊市家中等待分配工作，這中斷了高智晟與她的周末約會，因爲烏魯木齊距離喀什 1500 公里左右。一到週日，他就「落寞惆悵甚至哀傷。一個人，頗不願再騎車走那段路。」

當年，他工作的拉絲廠連工資也發不出來了，加上他心中一直熱戀著耿和，就到了烏魯木齊尋找工作機會。他說也是在那一年裡，耿和同樣目睹了他「爲了擺脫這種艱困所進行的，令人窘迫的嘗試。」

高智晟在家書中給孩子們講述他們的媽媽是如何高尚的人：「那段時間裡，我連表面維繫尊嚴的條件都丟失殆盡，人瘦到了一百零幾斤，而身份又是個盲流，她卻是這個世界裡唯一不在乎這些的人，也正是她的這種簡單、樸實和善成全了我的尊嚴和信念，並最終成全了我們家庭今天的和將來的美好。」所謂的「盲流」，是當時的中國政府對城市中無固定工作、無固定居所的流動人口的貶稱。

在部隊的一些戰友好幾次幫助他做一些買賣的嘗試失敗之後，他決定自己販賣一些蔬菜，例如大蒜，因爲它不像其他時鮮蔬菜容易變質。

走街串巷賣大蒜是非常辛苦、吃力不討好的事。有時，一天連 25 公斤的一袋都賣不完。他「有些頹廢」，信心也「脆弱敏感」。

耿和就鼓勵他賣賣別的東西，他就試著賣冷凍魚。耿和為了給他信心，每天一下班就設法找到他，與他一起賣魚。他告訴孩子們，「讓我印象最深的一次是在天山化工廠賣魚，由於那裡有幾位我倆的戰友，我就不想進去，她堅決地將自行車推進那個化工廠農貿市場。她看出了我的不安，就從兜裡掏出一塊紗巾籠住了臉，然後一直就蹲在我的旁邊張羅著往外賣魚。」

「你媽媽的個性表現在對待我倆婚姻問題的堅持方面算是個異數。她在這方面所表現出的果決和堅持是我此後再沒有看到的。她在家裡為保護我的自尊所表現的敏感和堅持給我的感動使我一生不能忘記。—高智晟的家書《爸爸的故事》」

由於當年高智晟的身份與地位是處在社會的底層，而耿和有正式的工作和較好的生活環境。她的父母開始不同意他們的交往。其實，父母的想法是很容易理解的，他們基於對女兒的愛，希望耿和嫁給一個至少是地位與經濟條件相當的男人。高智晟自己也十分清楚中國社會的現實與傳統，他對孩子們說，「因為在當時，凡有眼睛並靠眼睛來判斷問題者，無不認為你媽媽嫁我，將是確信無疑地嫁給了一種失敗，將使她自己的一生沒入一種走不到盡頭的黑暗，那就是選擇了一種毀滅。」

有段時間，高智晟寄宿在耿和家。一天，當所有人都外出上班，只剩下他一個人在家看書。突然，耿和的母親回了家，說要跟他談話，說著就淚流滿面。他們坐在飯桌旁，她拿出了二百元錢從飯桌上推至他的面前，然後就低著頭哭，不說話。高智晟心裡明白，耿和的父母希望他離開，儘管理解他們對女兒的愛心，但不贊

成這樣的做法，也不說話。他心裡想，「談戀愛」的當事人是他與
耿和，而耿和執意要和他繼續交往，如果方法不當，可能會給耿和
帶來不可挽回的傷害。這是他「一生無法獲得力量去承受的事」。
過了一會兒，耿和的母親以近乎懇求的話語對他說，「小高，我求
你離開我們家，你放過我女兒吧。…… 趁耿和不在家現在就離開
吧」。高智晟把錢輕輕推開，回答說「老人家，離開這個家是立即
可以定下來的，但離開耿和的事卻是只能由她一個人說了算。如果
我就這樣突然離開，按她的性格，她回來知道實情後，絕不會在這
個家多待一秒鐘，立刻就會出走。我希望我能給她說一聲再走，我
不放心她」。但是，耿和的母親非常堅決地要求他離開，他不好再
說什麼，站起來說請她家人能善待耿和，然後對耿和的母親鞠了一
躬就離開了。

　　出了門，他一邊走一邊在思索著他的去處。其實，他最擔心
的是耿和知道他離開會不會出什麼事，因爲他非常清楚在這件事上
「她決不妥協的態度」。每天中午，耿和會準時回家吃飯。他判定，
當她回到家得知他已經離開，會不顧一切地出走而離開那個家。在
耿和家住的老平房區北側三百米有一座山，他就到了山上，選擇了
一處能看得見耿和家院子的地方，等著看看情況。到了中午，耿和
匆匆地回了家，正如他所料，她「一進家門，絕未超過五秒鐘就從
家快步走了出來」。是心靈感應？耿和也上了山，他就悄悄地跟在
她的後面。走了很久，耿和坐在山上哭了起來，「哭的很傷心」。
高智晟在不遠處喊了一聲她的名字，她抬起頭愣了一下，然後大哭
著站起跑過來。他「抱住她，自己的眼淚也嘩嘩直流。」

　　耿和後來到了美國之後接受採訪時說，「……我的心裡邊也很
沉重。我們家這麼反對，我該怎麼辦？最後我就覺得，他確實是個

好人，什麼是我要的，我不能放棄。我的良心也不允許我就是因爲他過不來……這個我做不到。」（2）

「按先前的約定，我提前到了卡子灣街道辦事處門前等你媽媽，我的灰姑娘也準時到了，真的是個灰姑娘，一身灰色的工作服，而在我的老家，說一個人傻就叫灰。—高智晟的家書《爸爸的故事》」

高智晟與耿和的愛情，應驗了諺語「有情人終成眷屬」，儘管並不是天下所有「有情人」都能成爲「眷屬」。

1990 年，一個偶然的機會，高智晟在茱市場從顧客扔下的半張報紙上看到了中國需要大量的律師的廣告，他決定參加自學考試。因爲他的戶籍在喀什市，而自學考試必須在戶籍所在地參加。加上那個時候拉絲廠復工並希望他返回廠裡。考慮到嚴酷的社會現實與家庭情況，耿和希望他暫時離開烏魯木齊返回喀什好好自學準備，後來她告訴記者，「但是我又害怕他不踏實」，她對高智晟說，「那這樣吧，咱們就領個結婚證，你就放放心心的再回去吧，咱們往後再看看怎麼辦調動的事。」（2）

高智晟在家書中對孩子們是這樣描述的。

「我們準備結婚，確定地說是決定結婚，我們沒有任何可供準備的條件。一切平常人結婚所需的房、物，我們是什麼都沒有。更沒有父母的同意，家人的幫助，甚至沒有一件像樣的衣服。在中國文化中，即便是今天，就結婚本身而言，法律只是個技術符號，而世俗婚禮儀式卻是結婚實質性內容的全部，世俗婚儀具有蓬蓬勃勃的生命力，我和你媽媽的結婚則是完全脫俗的。我們的結婚日，除

了街道辦事處人員外，迄今只有我和你媽媽兩人知道。原計劃我們於 1990 年的 8 月 1 日結婚，這是爲了紀念我們曾經的當兵生活，結果我們卻是在 7 月 31 日領了結婚證，因爲你媽媽 8 月 1 日白天上班出不來。」

「我一生也忘不了那段畫面。1990 年 7 月 31 日下午四點鐘，是你媽媽剛下班的時間。按先前的約定，我提前到了卡子灣街道辦事處門前等你媽媽，我的灰姑娘也準時到了，眞的是個灰姑娘，一身灰色的工作服，而在我的老家，說一個人傻就叫灰。我看著她騎著自行車至遠而近，她的面色很平靜，而我的內心卻充滿了焦慮。我一直在想：這就結婚啦！這個婚姻究竟能給這個可憐的姑娘帶來什麼？這個婚姻究竟會把我們引向何方！它將會有怎樣的生命力！我確實在腦子裡不停地想著。」

「領完結婚證出來，我告訴她，我明天一大早將離開烏魯木齊回喀什市，她低頭哭啦。我一語不發悄悄地站在她跟前。我倆就這樣面對面默默地站了一會，我說『你回去吧，我今晚在碾子溝客運站附近住一夜，明天一大早就走了，你照顧好你自己。』『我把路費給你』說著她掏出錢交給了我。」

「要分別啦，她轉身推著自行車離去，平日裡她都會在離開我十來米後騎上車子離開，可那天是個例外。她一直推著自行車慢慢地走著，直至過了五六百米外皮革廠與第二鋼鐵廠之間的鐵路涵洞看不見她。再也看不見她了，我滿襟的惆悵、難過。我上了一輛公共汽車離開了卡子灣。皮革廠至輾子溝，公共車行駛近一個小時。我滿腦子都是你媽媽的形像。」

「我想起當年的春節，大年三十夜，爆竹聲中，除夕之夜萬家團圓。我住在第二鋼鐵廠招待所裡，每天兩元錢，你盡可想像那會

是怎樣的一種條件。我堅信那頓團圓飯她吃得不好，她把我喜歡吃的菜挾在自己碗裡，然後裝著嫌房裡熱而到小院子裡吃，就這樣，一趟趟地把外面的碟子裡的菜給壘了起來。因為外面零下十幾度寒冷，她又擔心那小碟子裡的菜變涼。她乾脆用她的碗扣住那碟子菜，雙手搗著緊貼著自己的胸跑步給我送到了招待所來。那是我一生中最值得紀念的一次年夜飯。你媽媽坐在火爐旁看著我吃下了那碟子菜。（招待所）值班的老頭說你在如此困境中竟能有這樣一個好姑娘跟著你，將來必會是個大福之人。」

「愛情中間是不當有感激成分的，但爸爸一生對你媽媽的感激是實在存在的，當然感激都轉化成了愛的理由及愛本身。那段時間裡，我連表面維繫尊嚴的條件都丟失殆盡，人瘦到了一百零幾斤，而身份又是個盲流，她卻是這個世界裡唯一不在乎這些的人，也正是她的這種簡單、樸實和善成全了我的尊嚴和信念，並最終成全了我們家庭今天的和將來的美好。─高智晟的家書《爸爸的故事》」

是的，筆者完全同意上面那位值班老人的吉言，高智晟是有福的。後來，他認識了神，並且堅定地相信他的一切都是神安排的。他告訴孩子們：「是神為我預備的我未來的妻子」，「神將一位表裡如一的美女給了我，做了我的妻子。」

另一方面，耿和是慧眼識真金，她從高智晟一句為她著想的話，直覺地認定他是一個值得信賴、託付終身的男人。她告訴記者，「就因為他當年的那句話，我跟他一直到現在。婚後高智晟很少在家、很少管我和孩子，甚至經常忙得顧不上理我們，但我們都

能感覺他對這個家所承擔的責任。」（1）「我覺得他是一個好丈夫，是一個好父親。我覺得就衝這一點，我就跟他走在了一起，我們就一直這麼走。」（2）

可以這麼說，高智晟之所以能夠成才，是因爲在最關鍵的時期，他遇到了耿和，是她無私的愛給了他自尊、信心與力量。高智晟與耿和的愛情，雖然沒有像一些愛情小說電影中常常戲劇化的描寫，但是卻實實在在地展示了他們兩人的高尚的品格和秉持的人生價值。特別值得一提的是，被高智晟譽爲「灰姑娘」的耿和，在他的心目中的地位是崇高的。他在家書中告訴孩子：「在我看到的世界裡，你媽媽的重要性無可替代。爸爸還想莊嚴地提示你一句，有一天，你會明白你的媽媽對於中國改變的擔負。」

高智晟與耿和的愛情，筆者寫出來的時候感慨萬千。值得慶幸的是，在當時中國那樣的社會環境下，他們的愛，讓我們看到了一線希望，中國依然有人心中存有眞誠與善良，他們的故事爲我們做了很好的詮釋。然而，高智晟從 2017 年 8 月 13 日被失蹤，至今杳無信息，使得他的家人特別是耿和，一直處於擔驚受怕、精神被壓抑之中。所有關注中國人權、爲中國人爭自由的人，一起來呼籲中共當局立即釋放高智晟，讓他與家人團聚。同時，我們也要持續地關注和支持高智晟與他的家人。

註：
（1）《高智晟：神與我們並肩作戰》，博大出版社，大紀元轉載。
https://www.epochtimes.com/b5/9/2/2/n2415092.htm
（2）張敏：專訪耿和：與高智晟心在一起，一路走來 ——《2017 年，起來中國》面世，https://www.rfa.org/，該文收錄在本書中。

高智晟早逝的親人們

❖

　　2021 年的第一天，耿和在她的推文中，公布了她丈夫高智晟先生在山東的姊姊於 2020 年 5 月跳河自殺的噩耗。這是中共法西斯在對高智晟及其親人的迫害記錄上新添的一筆血債。高智晟的姊姊在他七個兄弟姊妹中排行第二，比他年長 5 歲多。在他嬰幼兒時期，白天他常常是被綁在姊姊的背上，讓姊姊背著的，因為他們的父母要去參加生產隊的勞動。一整天十幾個小時就在姊姊的背上度過，姊姊累了就找一個有依靠的地方蹲坐下來，有的時侯，姊弟倆就這樣地一起熟睡，直到他們的母親收工回家後把他從姊姊的背上解開來。可想而知，姊弟倆的感情有多麼的深厚，在他們幼年的日子裡，很多時候是被「捆綁」在一起的，而六、七歲的姊姊承擔了多麼沉重的擔子。

　　很可能，被失蹤至今的高先生還不知道他永遠再也見不到他親愛的姊姊了。

　　　「我常說在我們那裡，農村人充其量是活著。—高智晟」

在他的記憶中最早知道的死亡，是在他剛 2 歲 3 個月時，1965 年 7 月，他的叔叔放羊時掉下了亂石頭崖，不治身亡，終年只有 31 歲。他記得那天的下午五點左右，一群人是用他母親拿去的簸籮將他叔叔從崖底抬回家的。他叔叔的頭上、臉上、脖子上、肩上和胸脯上全是鮮紅的血，雙眼緊閉而大張著口，嘴角上往外流血沫。而且，他叔叔的喉嚨部位隨著呼吸往外噴著一堆血泡，發出很像深度睡眠時的打鼾聲，大概是因爲喉管也被摔斷了。他叔叔家的炕上的蓆子被卷了起來，上面鋪上了一層乾黃土，叔叔被抬放在上面。可能是膝髕骨已經摔碎了，往炕上放的時候他叔叔的兩腿耷拉著，膝部發出嘩嘩啦啦的響聲。可能是沒有人認爲他的叔叔能夠被治好，再說，縣醫院在十里山路之外的城裡，家裡也沒有治病的錢。到了夜裡十點多，他的父親從叔叔家裡跑出來，雙手抱頭仰天大哭，然後蹲下來繼續哭喊。高智晟先生後來感嘆道，從他叔叔被抬回家到咽氣，「幾乎全村的男人，眼睜睜地在五個多小時裡束手等待著，那種無助，那種絕望」！那一天的晚上，天上的月亮很亮很亮。這一幕人間悲劇似乎只有天上的月亮知道。

1967 年，比他大 4 歲的二哥高超罹難夭亡了，在他的印象中，這位哥哥「帥氣聰明」。他二哥得病的原因似乎很簡單，但後果卻是死亡。前一年，他二哥的頭上被蚊蟲叮咬後起了一個大疙瘩，由於搔癢把皮抓破後造成潰爛發炎成瘡。1966 年，是毛澤東「十年浩劫」的開始，大多數農村人，平常能夠吃飽飯活命就不錯了，沒有任何營養可言，因此體質和抵抗疾病的能力一般都很差。而高智晟一家，父母加上七個孩子，生活極度困難，家中常常毫無分文，給他的二哥看病是連想都不去想的事。而且，對於農村人來說，小孩頭上長瘡，一般不認爲是什麼大不了的事情。可是，他二哥頭上

的瘡過年後出現了大面積的糜爛，而春天又是規律性的全家吃不飽飯的時期，全家人常常挨餓。他的二哥開始持續的高燒不退，最終導致幼小的二哥離開了人世。父母親的絕望和悲痛是可想而知的，那年高智晟才 4 歲，他的生命當中還沒有感受痛苦的能力，也沒有能夠在父母喪子的巨痛中分擔一點苦楚。到了 1968 年，5 歲的高智晟自己差點兒由於非常嚴重的拉肚子而失去生命，或許是因為他二哥的夭折，他的母親逼著他的父親借錢送他去醫院看病，幸運的是，他竟然奇蹟般地活了下來。

「我這個米米妹妹長得非常漂亮，但她卻是個很可憐的美麗生命。—高智晟」

上面說到，高智晟嬰幼兒時期的白天大多是在他姊姊的背上度過的，而今姊姊沒有了他可能還不知道。還有讓他永遠無法忘懷和痛心的是從出生到夭折都是他背著的妹妹米米。那是在 1971 年的冬天，2 歲多的米米感冒發燒，找村裡的「赤腳醫生」看了一下，那個「醫生」說得玄乎乎的，說她得的是什麼「火蛾病」，只有城裡的醫院才可能有辦法治療。所謂的「赤腳醫生」，是毛澤東時代在農村搞「合作醫療」的產物，他們是非正式的醫生，很多人僅僅有一點衛生知識，可以看一些常見的小毛病，包括為產婦接生。這個「火蛾病」是啥玩意兒可沒有人知道，高智晟長大以後也從未聽說過這種病名，那一年，他 8 歲。

他的家裡自然是沒有錢送米米去城裡看「赤腳醫生」所說的「大毛病」的，當然，他妹妹的毛病到底是大是小，除了「醫生」說的那給個怪病名外，並沒有人真正知道。對於赤貧的農村人來

說，生了病常常意味著聽天由命。米米開始昏迷了，他的母親絕望地整夜整夜地哭，他跟著母親一起流淚，他也看到他的父親常常悄悄地擦眼淚。有幾次半夜裡，他的母親哭著要他的父親去向神祈禱。那個時候，所謂的神就是一個藏在懸崖岩穴裡 15 公分高的木牌位，拜神被發現了會被批鬥，而且攀岩祀神本身也可能有生命危險。一天的半夜裡，他的妹妹在他母親的懷抱裡停止了呼吸。母親大聲地嚎哭起來，「驟間，全家人哭成了一片」。

妹妹的夭亡，高智晟與全家人一樣，感到了悲痛和哀傷。他的二哥早逝時他才 4 歲，還不太感覺到什麼是悲哀，而妹妹的死，8 歲的他已經實實在在地感覺到了。最重要的是，他和米米妹妹有著「形影不分」的兩年多時間。一是他在 1969 年看到了米米降生的大約不到一個小時的全過程，這是他一生唯一的一次看到嬰兒出生全過程的經歷；二是在米米活著的兩年多的絕大多數的白天裡，是在他的背上度過的。他記得，米米「長得非常漂亮」，「她的體溫、她的氣息、她那只有上下三顆牙齒的咯咯地笑」，甚至那一、二年，他的「背上每天都不計其數的被尿濕，短暫地熱乎乎後就會變得水一般的冰涼，尿濕、陰乾，再尿濕，再陰乾。」一個冬天下來，他的身上散發著濃濃的尿騷味，因為那個年頭他連換洗的衣服都沒有。

「我們家鄉有一句俗話叫『老子不死兒不大』。─高智晟」

1975 年 5 月 19 日夜裡，高智晟那一輩子都盼望著能擺脫苦難與窮困的父親，最終卻被窮困和苦難奪去了生命，終年 43 歲。這對於他一家人來說，是滅頂之災。其實，巨大的災難在一年前就

降臨了。

　　1974 年的下半年，他的父親由於胃病變得非常嚴重而不能再下地勞動了。那個時候，他的大哥在定邊縣磚場打工，他的姊姊「12 歲時就出去伺候別人，不要一分工錢，只爲吃飯活命」，而他的三哥「整天起早貪黑砍柴禾，以保障家裡有火爲炊」。因此，他「成了家裡負責對外往來的主要角色」。這一年他 11 歲，剛剛上學了一年（他 10 歲才上學），可是，由於父親的病倒，他一下子長大了，「實際上就結束了作爲一個孩子的角色」，而上學受到了非常大的影響，「有時三、五天才能去學校一趟」。當他父親的病情一危急，他的母親就讓他跑到公社（即鎮上）去請中醫。在毛澤東時代，習慣上說的公社就是原來的一個自然鄉鎮，它管轄數十個生產大隊，一個大隊下面有數個生產隊或稱生產小隊，這是農村人民公社化的產物。他的家到公社是十里山路，每次他都一路跑去，找到醫生後，替醫生背著醫藥箱和醫生一起趕回家裡。醫生開出中草藥處方後，他就拿著處方、背上一些家中的糧食，急忙去城裡賣，用賣糧的錢到藥店買草藥，之後又急忙趕回家給父親熬藥。特別一提的是，在那個年代，私人的糧食不允許自由買賣，如果被城裡的巡邏隊抓住可是要處罰的。

　　高智晟清晰地記得，炕上躺著的父親由於常年的臥床，受著病痛、飢餓、恐懼、絕望、寂寞的折磨，脾氣變得非常壞。除了他的母親外，父親對誰都要罵。他「常常一邊挨著罵，一邊掉著眼淚煮著藥」。他後來在家書中告訴他的孩子們，「流眼淚不是因爲委屈，不是因爲害怕，而是替他難過，覺得他太可憐，而我又和他一樣的無能爲力。他罵人時是咬著牙關的，能感到他的痛苦和吃力的艱難。有時我在咒罵中嗚咽著送上熬好的藥，眞想讓他拉住打我一

頓，以減輕他的痛苦。」不過，他的父親是明白人，自從臥病炕上後，再也沒有打過他這位孝子。

1975 年的新年是他父親去世前過的最後的一個一直是貧乏的新年，而這個節日又過得特別地悲苦。一是他的大哥和姊姊都沒有回家過年；二是在大年初一這一天，他的父親告訴家人說他在凌晨做了一個夢，「夢中看到自己已經死亡，並清晰地看到死亡後屍體停放的位置，身上穿的壽衣款式顏色，包括鞋和襪子的顏色，看到了整個喪葬的全過程」。在中國尤其在農村的習俗中，壽衣是人死之前預先訂做或購買的一套新衣服，在人瀕臨死亡時才給穿上。因為他的父親「是在一種無以遏抑的痛哭中講述著這個夢，全家痛哭成一片」。然而令人不寒而慄的是，後來他父親去世後的所有經過和細節，都與其敘述的夢境相同。比如，他父親的壽衣是他大哥從數百公里以外做好帶回的，竟然與他父親夢見的一模一樣。更不可思議的是，在大年初一的差不多同一時間，人在定邊縣的大哥也做了一個夢，夢見到他的父親端坐在炕上大笑不止，笑得臉上的、身上的血和肉全往下掉，很快就掉得只剩下一付白色骷髏。他的大哥將這個夢告訴了身邊的三姨媽後，三姨媽才讓他知道他的父親病重了。之後不久，在三姨媽的資助下，他的父親先到三姨媽家住了一些日子再去綏德二康醫院做了身體檢查，結果是癌症。他的父親帶著檢查結果回到家，當時的整個村子裡沒有一個人在之前聽說過癌症這個病名，常言道無知者無畏，家裡人並沒有因為他父親的檢查結果而增加新的不安。

然而，真所謂禍不單行，在父親離開家去綏德後，高智晟的奶奶突然去世了，一直是孝子的父親回家後心裡非常地悲痛，其病情因此加速了惡化，經常出現危急情況。給父親看病和照顧父親仍然

是他的事。1975 年 5 月 1 日讓他終生難忘。這一天，天一亮他就跑去公社找醫生開藥方（醫生不願意再到家裡來了）、賣糧和買好藥急匆匆趕回家卻在村口被鄰居告知，他買的草藥再也用不上了，因為他的父親吐血不止，被他的母親請人抬到縣醫院去了。這時，他的精神崩潰了，「沒有問一句話，慢慢地坐在一個石坎上，腦子裡一片茫然，奔走了一年多，第一次實實在在的感到乏力。」

他父親的胃癌已經是晚期了。去醫院除了拖欠了一大筆債以及二次從他大哥身上共抽掉了 800cc 的血給他的父親輸血之外，沒有實質性的作用。1975 年 5 月 19 日早晨，醫生要求他的父親趕緊出院回家。因為「依著當地的習俗，人若在外面咽了氣死了，屍體是不能抬回村的」。可是，家裡沒有錢還清醫院的醫藥費，只好求一位熟人擔保才讓出院的。他一輩子在黃土地上勤勞努力、試圖擺脫貧困的父親，一輩子也沒有擺脫貧困。他的爺爺給他的父親取的名字是「印錢」，十分讓人悲哀的是，他的父親去世後，連棺材也是「在四十里以外的一個村子裡，用 43 元錢賒買回來的，這個弱不禁風的窮家的帳上又增添了一筆不小的外債。」高智晟後來告訴他的孩子們，「這個苦了一輩子的人終於被下葬入土，終於永遠地與這個苦了他一生的世界徹底地隔絕，把所有的苦留給了我們。」

故事寫到這裡，筆者由衷地撫卷嘆息！高智晟律師對被中共統治了七十多年的苦難的中國人有著深刻的認識，他說，「中國人有一種世間任何民族都不可匹敵的能力，那就是擁有貧窮和應對逆境的能力。當然這種真實顯明的中國特色卻從不被官媒彰揚。」是的，甚至可以說，中共的統治本身就是建立在一直要讓中國百姓在貧困線上掙扎的基礎之上的。

高智晟先生在 12 歲之前，他和他一家的悲慘境遇，雖非絕無

僅有，也是非常罕見的。終究，信仰神的母親，將他們僥倖活下來的孩子們撫養成人，並教育他們成爲了對中國社會有益的人。筆者通過他幼年的故事，再看今天世界知名的他，可以深切感受到，高智晟律師這個參天大樹，是根植在中國貧瘠的赤色土壤之中的。他的使命，是上帝賦予他的，是要改變中國人生存的土壤。

Part 2
高智晟與親人及其有關文字

唐朝 孟郊《遊子吟》

慈母手中線，遊子身上衣。
臨行密密縫，意恐遲遲歸。
誰言寸草心，報得三春暉。

我的平民母親

高智晟，2005 年 3 月 11 日

◆

2005 年 3 月 6 日下午 16 時 24 分，我的母親離開了這個她異常深愛著的人世，我們兄弟姊妹七人結束了有母親的時代，沒有母親的時代開始了。

母親生命的最後時刻，我因為一群與她老人家年紀相當的、已上訪了 10 年之久的老人提供法律幫助剛剛回京，接到四弟打來的電話，一種不祥使我失措。電話裡傳來了 40 歲弟弟的嚎啕聲，巨大的悲痛及揪心的絕望淹沒了周圍的一切存在，我不清楚我哭倒在一個醫院大廳裡的過程，我感覺到了我的臉貼在地面上的冰涼。當被妻子及岳母扶起時，我發現我的面部已大部分麻木無覺，腦部缺氧致眼前昏暗狀，嗚咽中回到家裡，嗚咽中完成了準備連夜回家的過程。天黑，我駕車開始了千里之行，同我一起上路的還有絕望、悲情和茫然。

平時五個小時的路程，被昏昏兮兮的我用去了八個多小時，路異常的漫長。在太原市大姊家歇一小時後，我們又開始了苦

旅⋯⋯！

　　每次回到那個至今貧窮卻讓我永遠魂牽夢縈的小山村時，來接我的人群中第一次沒有了母親，而且是永遠的沒有了母親。全家人嚎啕動天。看到已蓋得嚴實的棺材，我的悲情無以自禁。我在院子裡跪倒爬行至前，匍匐在母親的棺材下，揪心的絕望及深徹心底的悲情再次至極限⋯⋯。

　　67 歲的母親永遠地離開我們，在母親 67 年的人生生涯中，有60 年的時間裡是在貧窮及磨難中熬過。

　　母親 6 歲時喪父，8 歲起做童養媳。母親一生無數次給我們子女講述過她做童養媳期間所經受的苦難，那種讓她老人家終生刻骨銘心的苦難故事一生都沒有講述完，儘管母親做童養媳的時間是 4年（母親 12 歲那年，偷偷的跑回了外祖母家）。

　　15 歲時，母親隨改嫁的外祖母來到她後來生活了 52 年的小山村。母親生活了 52 年的小山村裡僅有 200 餘口人，這個小山村當時的規模是可想而知的。

　　16 歲時，母親嫁給了我的父親，按三姨講述的是，當時父親家是一貧如洗。這個從貧窮開始的婚姻存在了 22 年。22 年裡，自始至終未變的就是貧窮。按三姨的講述，這個從貧窮開始以極度貧窮狀態下結束的婚姻的大部分時間裡，父親、母親是貧窮地幸福著。17 歲時母親生下了大哥，母親 25 歲時，41 歲的外祖母病故，其時我剛剛出生才 40 天。在我們有記憶裡的時間裡，每每談及外祖母，母親常常淚水洗面，對外祖母的思念之情令人甚是感慨！

　　母親 38 歲時，41 歲的父親患癌症逝去。父親的逝去，給母親及全家帶來的悲痛，用我手中的這支筆根本無法將之窮盡。

　　父親一生的夙願是有朝一日能吃飽肚子，這個至死未能實現的

願望在父親亡故後發生了改變，即一家人從父親在世時吃飽肚子的願望，變成了母親的讓全家人活下去的目標。父親去世前的悲慘經歷，極至地增大了母親此後維持讓全家活下去目標的難度。為給父親看病，家中已沒有了再可供人拿去變賣的任何什物，孩子身上的血也到了不能再抽的邊緣！大哥身上的血被抽得不能正常行走，而其時大哥是一家中唯一具有勞動能力者！

當已咽氣的父親躺在家中的地上時，撕心裂肺的悲痛並不是當時母親及全家人痛苦的全部。父親被抬離縣醫院時，留下了在當時是天文數字的債務，而當時全家，具體地說是母親，面對這些債務的償還，有如我們面對已沒有了生命的父親一樣，是茫然及無奈。面對已躺在地上的父親因無錢置辦棺材而無法入土之痛，更令可憐的母親絕望至呼天喊地。另一個在當時的現實局面是，有一大群饑腸轆轆的孩子，無一粒稻糧可供下炊。唯一具有勞動能力（而不是勞動技術）的大哥，因給父親輸血量多，且全無使身體恢復健康所需的營養條件，而成了一個勉強能生活自理者。母親和她的那一群孩子當時身臨山窮水盡之境地。

自古言「山窮水盡疑無路，柳暗花明又一村」。似乎「柳暗花明」規律性地成了每一「山窮水盡」後的必然歸宿，母親沒有這種幸運。山窮水盡，在父親亡故後的 20 年裡，是母親一直面對的局面。

1975 年的 6 月 22 日，在眾人的幫扶下，父親獲得了一口價值 40 元人民幣的棺材。身體高大的父親佝僂著背活了 41 年，他的遺體被屈蹴著放入那口賒來的棺材裡，解決了父親的入土之難。

父親的「成功」入土，隨之而來的是全家歷時 10 年的生存保衛戰。母親是這場戰役的靈魂般的指揮者，又是這場令人身心疲憊

戰役中具體任務最為繁重的戰士。為了讓她的孩子能活下去，母親開始了沒有白天黑夜的勞作。白天在黃土地裡勞作的過程中，人們時常能聽到母親勞動過程中發出的讓任何聞者潸然淚下的哀嚎聲。傍晚回到家裡，僅完成讓她的一大群孩子吃上飯及上炕入睡過程的勞作量，即足讓一個精力充沛者累得直不起腰來！而勞作了一天的母親每天還必須面對這個過程。當她的孩子全部入睡後，昏暗的煤油燈下，母親開始有時是徹夜的紡棉線活，這些在黑夜裡從不間斷的紡棉線活，是全部孩子有衣穿的保證。夜深人靜時，偶有從睡夢中醒來，常常能聽到嗡嗡的紡車聲，間中伴有母親低沉的悲哭聲。不到半年的時間，母親已骨瘦如柴。母親不分晝夜的勞作並沒有有效保障讓她的孩子生存下去所需要的東西。創造有效保障全家能活下來的條件，盡可能減輕母親沉重的負擔成了全部孩子的自發選擇。但禍不單行，身體極度虛弱的大哥在父親去世快一年之際病得不省人事，在一個漆黑的半夜裡，在母親無助的哀嚎聲中，大哥被從家中抬到縣裡醫院，又一輪雪上加霜的災難已實實在在襲來。本已弱不禁風的一家人再次進入極端困頓的境地。母親瘦弱的身體再次頂住了命運之神的恣意肆虐。母親堅定拒絕了任何勸其改嫁以解脫自己災難人生的好意，母親堅定地告訴任何勸說者，將這些沒有了父親的孩子撫養成人將是她一生不變的願望。母親堅定地做到了這一點。

　　記得父親去世後過的第一個大年，家中是一貧如洗。大年三十上午，一個遠房叔叔送來了一斤三兩豬肉、一斤多羊肉、二斤白麵。大年三十夜，全部孩子圍坐在炕上，母親將炕燒得熱烘烘的。母親將切成片的肉燉熟，所有孩子都沒有端飯碗、拿筷子，由母親端著碗用筷子夾著肉每人餵了我們兩口。

　　那次的肉香是我終生不能忘掉的，那個大年夜裡，我們吃上了世界上最香的肉，住在世界上最暖和的窯洞裡。大年初一早晨，用叔父送來的羊肉和著蘿蔔絲，用那二斤白麵，我們吃了一頓餃子！天還未亮，全家人就圍著煤油燈忙碌著，那天早晨我們吃到了人世間最香的餃子！雖然有限的數量不能保證吃飽。這是父親去世後的第一個中國新年，母親是用心、用愛而不是用財富，使我們過了一個有生之年不能忘掉絲毫的、最幸福的中國新年。

　　母親是個有遠見的人，她的遠見是我們子女今天價值的全部基礎。母親決定讓除大哥及姊姊外的其他孩子上學，當時的這個決定近乎天方夜譚，但二哥以下，後來我們都讀完初中。接受完初中教育的經歷，成為改變我們子女個人人生命運的必不可少的條件，儘管已懂事的二哥因心疼母親堅決拒絕上學，但母親的這個決定是不容商量的，二哥在極度貧窮的家境中讀完了初中，這對他未來參軍及後來的發展極具意義。對我的學習，是所有孩子中母親花費心血最多的。我小學基本上是處於一種自學狀態，經濟困難不是造成這種局面的唯一原因。從父親去世的第二年起，全家每年前半年裡的生存條件，是由我和10歲的弟弟以起早貪黑挖藥材來保證。每個白天，我和弟弟冒著酷暑及諸多危險去挖藥材，伸手不見五指時，餓得直不起腰的我和弟弟回到家裡，喝上一肚子毫無任何營養的稀飯倒地入睡。而母親則開始了她的另一種勞作，即幾近用徹夜的時間，將我和弟弟挖回家的藥材逐根用擀麵杖碾壓然後抽去根筋，再逐根擺好，以便天亮後晾曬。這種由我、弟弟及母親三人形成的挖藥材、以換取紅高粱度命的機制至1977年。形成不變的定式是，每10天一個集市，10天裡挖回並已曬乾的藥材基本上均為10斤以上，但最多未超過11斤，每斤1.2元，可得到12元以上的現錢。

帶著殼的紅高粱 0.25 元 / 斤，每次賣完藥材的第一件事，就是將其中的 10 元錢換成 40 斤紅高粱，這是未來 10 天裡全家的全部口糧，每次餘下 2 元左右的錢用以食用鹽、燈用煤油等花費。當秋季不能挖藥材時，母親又指導我們去拾撿農業社秋後散落在田地、路旁的糧食顆粒。這種拾撿糧的時間一般需要近兩個月，在這段時間裡，我們兄妹的拾撿，能夠讓一年中無糧的時間減少兩個月。

西北黃土高原的冬季，嚴冬規律般地與強勁的西北風結伴而至。在別人家的孩子足不出戶時，我們每天滿山遍野地去拾柴禾，因我們沒有錢去買碳燒。貧窮、惡劣的自然環境及母親的堅忍，培育出了那些年我們能成功活下來的運行機制。至 1977 年下半年，我自己進入了歷時三年的另一種規律，母親決定供我去讀初中。

坐在母親的棺材前追憶那三年的初中讀書生涯，喚起了我心中無盡的痛，母親用堅忍、耐勞、超乎想像的責任心保障我走完了三年的初中讀書生涯。

我就讀的古城中學在距我家十里的高山上，當時我年齡小，走完十里路需近一個半小時。由於住校就讀每天需要交八分錢的伙食費，母親鼓勵我走讀，據此開始了歷時三年的、行程三萬六千里的走讀生涯。三年裡，母親實際上沒有睡過一夜好覺，我每天天亮時必須趕到學校，路途所需一個半小時，起床、吃飯到出門的過程需一個小時，亦即，在三年裡，每一個夜晚的時間都要被切掉兩個半小時，而這兩個半小時不能睡覺的時間，也只是我起床後耗掉的時間，母親被耗掉的睡眠時間遠不止之。當時全村都沒有一個鐘、一塊錶，夜晚掌握時間的方式仍為延續不知始於什麼時間的做法——看天象。在我睡夢中，母親一個晚上要幾次出門看星星判斷時間已成了一種生活狀態。陰天夜裡，母親根本就不敢睡覺，憑著感覺以

判斷時間，三年裡風雨無阻。母親以責任心及犧牲保證了我在三年裡從未有過一次遲到，更無曠課現象發生，我以我的方式回報著母親。三年裡，我將所有可供利用的時間都用在學習上，讀書、學習成了三年裡的一種生活狀態，利用一切時間、想盡一切辦法讀書，當年我用勞動以換取讀看他人小說、刊物的故事成爲人們至今笑談的素材。我的學習成績，在全班五十多名同學裡從未被排在前三名以外（當然我的調皮名次亦排在全校前列）。雖然後來考上全縣重點高中，因貧窮而輟學，但這三年的讀書生涯，爲我一生的價值奠定了最重要的基礎。三年的中學生涯，在我一生價值中的作用無以替代，它爲後來多年的自學提供了諸如條件、方法及可能。三年的學習生涯及其價值，是母親和我共同完成及創造的。

母親是個有道德力量的人，母親的道德力量價值並不取決於我的認識及我手中的這支筆。但無論如何，我的這支筆是無法窮盡母親在道德力量方面所積累的厚重底蘊。

母親以身體力行讓我們子女明白，任何不勞而獲的作法都是不能接受的。饑餓的我們，任何偷吃他人瓜果的行爲，都將受到母親嚴厲的懲罰，以致使幼小的我們是路不敢拾遺。

母親對奶奶的孝順遠近聞名，相比之下，奶奶在我們記憶中的形象則較爲糟糕。我們記憶中的奶奶，不罵母親的時間只有三種情形，即：吃飯、睡覺及我母親不在家裡時。每每在背地裡，母親常常委屈的流淚，她告訴我們，奶奶的一生極爲坎坷，早年喪夫、老年喪子，非常的不易，奶奶的世界裡只有咱們這家人，罵別人又不能，罵咱們若能解開可憐老人的煩悶，容忍一下沒有什麼。我們的記憶裡，被罵的淚流滿面的母親，每頓飯的第一碗端給奶奶，全家分飯限量時，奶奶不在此限中。一大鍋稀湯飯中，常常讓正在挨罵

的母親撈一碗稠的給奶奶後，鍋裡剩下的飯與水的唯一的區別只是顏色。在寒冷的多季，我們窰裡的水缸早晨起來常結著冰，而奶奶的窰裡則被燒得暖烘烘的，以至我們都爭著陪奶奶睡。每遇集市，母親總要給年老的奶奶設法買點好吃的，在我的記憶中，每每這樣的過程都很神祕，所有的孩子都被嚴厲禁止，不得踏近奶奶門口半步，當這種禁止被解除時，好吃的已成了我們好奇的猜想。

　　母親經歷 60 年的貧苦生涯，這並未影響她對其他窮人的扶助。窮人眾多是最大且最持久的中國特色，那年月更甚。出來討吃要飯的是窮人，未出來討吃要飯的也是窮人，窮人之間的互濟尤顯重要。母親作為那個時期未出去討吃要飯的窮人，對那些出來討吃要飯的窮人的幫助在當地是老幼盡知。到了冬季，不管來自天南地北、不管來者姓甚名誰、人數多寡，母親都不厭其煩地將這些被迫出來討吃要飯的窮人張羅到我們家裡，白天為他們提供歇腳點，夜晚為他們提供睡覺的地方，人多時，我家一孔窰洞裡住著十幾個人。黃土高原的冬夜，嚴寒及勁風讓窮人膽寒，我們的窮家也不特別暖和，但卻能有效阻卻嚴寒及勁風。年復一年，母親為多少窮人在嚴冬裡提供過避寒幫助，連母親自己都說不清，只記得只要我們村子裡來了窮人，村裡的人總會不約而同地告訴來者，讓他們來找我的母親。二十多年後，我成了在弱勢階層頗具聲名的律師，常有拄著拐杖、坐著輪椅、無交費能力者被其他熱心的律師同行帶到我的辦公室時，我總能想起母親扶助窮人的情景，我每每會心一笑，當今天想到之時，我的淚水已若熱泉湧，母親已躺在我面前的棺材中。

　　母親的扶助窮人之舉，最令我記憶猶新的有其中兩次。一次是一個寒風刺骨的隆冬夜，有一群要飯討吃的窮人鑽進一孔破窰

洞，已入睡的母親得知後，又起來帶著我們去找那些跟我們一樣窮的人。至今我記得特別清楚，當我們隨母親來到那孔破窯洞前時，窯洞口顯然是已被裡面的人用麥稭、穀草封住。母親撥開了那些柴草，眼前的景色讓人心酸，借著寒月光，八位不同年齡的男女老幼緊緊擠在一起，母親說明了來意。母親撥開柴草時，顯然受到驚嚇的那群窮人都不說話，看了一會我們後他們又互看，母親用語言贏得了他們的信任，一群窮人（當然包括我們）當天夜裡擠到了我們的家裡，炕上、地上全都是人。另一件事是，有一年夏季的一天，一名討飯的母親帶著孩子到了我家，恰逢我家倉中無一粒糧米，根本沒有條件援助來者，討飯者失望地帶著孩子準備離開，母親讓她們在我家等一等，過了一陣子，母親手捧著兩個還未完全長熟的玉米棒回來，母親是跑到了自留地裡掰了兩個玉米棒以接濟來者。

母親一生敬天行善，對佛信服的虔誠狀令人感泣。我當了律師的第一年，母親迅速擺脫了貧窮，脫離了貧窮後的母親已是兒成女就，敬信佛及行善成了母親精神生活的重要內容，我對之以盡可能的物質支援。我常常為母親信服佛及行善之舉感動的熱淚漣漣。前幾年，盜墓賊常常在行竊後，將無辜的、無主墳者的遺骨扔得漫山遍野，母親不遺餘力，自己掏錢置辦木匣子將之掩埋。逢年過節，從未忘了囑咐一群孫男孫女去給「他們」燒紙。

擺脫了貧窮後的母親並未忘了對窮人的濟助，近幾年的每年中國新年回家，包括剛剛逝去的母親的最後一個中國新年裡，常有一些我們兄妹不認識者拖兒帶女到我家來吃飯，這些人規律性的是衣衫襤褸，每每向母親問及之，她老人家均笑答曰：「是咱家的親戚」。今年（2005 年）中國新年的一天，一位瘦弱的父親帶著兩個孩子來到我家，躺在炕上的母親吃力地告訴我，這是你們的姑表

親，並吩咐大嫂、大姊給做飯（我們全家剛吃完飯收拾停當）款待，並特別交代我們，一定要讓大人、孩子都吃好吃飽。聽到兩個孩子咳嗽不止，母親讓姊姊和我掏錢給那兩個孩子看病，後來四弟告訴我，那是鄰村討飯吃的窮人，母親將他們認作親戚，逢年過節必來母親家。當時四弟笑著告訴我，母親的這種親戚有很多。同村兩個喪父的窮孩子一家，從他們喪父後不久，即完全成了我們家名實相符的親戚，我一直在定期資助著她們的學費，逢年過節我們向一家人一樣在一起。母親的後事處理過程中，他們像母親的孩子一樣盡著孝道，令人幾多感慨、幾多心碎。

我們兄弟姊妹七人的一切，是母親核心的精神內容，即使在生命最後的彌留之際，反復地重複著我們所有的孩子、孫子、孫女的名字，重複的次數無以數估，直至咽氣。每每想到此，我們心底的痛無法言表。在人生的最後幾個月裡，母親對我們這些人的關愛的細微程度，常常感動的我們淚水汩汩。

人世間若要票決最偉大的母親，每個母親至少都會獲得與自己子女數量相同的得票。

我的母親是最偉大的，這決不因為這篇文章是由我來完成。

我的母親頂天立地，我每每這樣說時都是底氣十足，母親是個平凡的人，這決不影響她擁有的偉大品格。母親的偉大品格持久地體現在她日常細小的行為之中，其一生在相當長的時間裡是身處逆境，但長久處於逆境中的母親卻從未間斷過對其他同樣處於逆境中人的幫助。一生貧窮的母親濟困助危（寫到此我淚水熱面），她以寬廣的襟懷度世行事。她偉大的品格持久地影響著我們，母親一生的絕大多數時間裡是個貧窮者，但她卻給了我們無盡的精神財富。在這幾天裡，全家人在淚水中，對母親偉大品行的追憶持久不輟，

更令我們感覺到縱肝腦塗地亦無以回報母愛之一二。

母親是一本書，雖然母親一字不識。對母親偉大品行的追憶使我痛苦地幸福著。一篇文章，一百篇文章亦無法承載對我平凡母親的追憶，但我無論如何也得寫點東西，據以表達我對偉大母親的思念。

在這篇文章的結尾時，我獨自駕車來到一個叫王家川的山村，我尋找到了我的母親出生的那孔窯洞……

母親是神靈——是我們心中永遠的神靈。

我們已失去了母親，我們已永遠地失去了母親，這是我們永遠的痛。

瘦弱的母親堅忍且成功地承載了人生中任何需她承擔的重負，而我們卻無以承受沒有了母親的巨痛！

2005 年 3 月 11 日于母親靈柩前。

本書作者註：該文發表在大紀元評論的「專欄文集」。高智晟先生的太太耿和在 2012 年 2 月 24 日的一則推文中說，「（高智晟的）第一個力量來自他的母親。」

人權律師高智晟先生

二十年為中國民眾的抗爭與追求

耿和，2023 年 4 月 20 日

　　自從 2004 年以來，高智晟先生為中國人權呼籲、抗爭，已經 20 年過去了。其間，他被失去自由的時間總計達 18 年之久。這沒有自由的 18 年，由失蹤、軟禁、坐牢與被酷刑構成。在中國，他為了中國的人權、社會正義以及最終實現民主憲政，付出了極其高昂的個人代價。高智晟從 2017 年被失蹤以來，至今杳無音訊。我們強烈呼籲全世界所有愛好自由與享受著自由的人予以持續的關注，要求中國政府立即釋放高智晟律師。

　　中國，一個安理會常任理事國，世界第二大經濟體，口口聲聲對外宣揚自己是個負責任的大國，然而，高智晟先生，作為一位和平理性的人權律師，卻一直被中共政權迫害。這個簡單明瞭的事實，自由世界的各國政府在與中共打交道時，都不應該忘記。

　　被失蹤的高智晟先生，他不僅是中國的良心，更是中國的脊

樑。他身體力行，用自己全部的精力和生命為每一個中國人的自由而抗爭不息，作為基督徒，他無可畏懼的精神一直影響著每一個有良知的人！

一、最近一次的失蹤

高智晟先生在 2014 年出獄回到老家後，一直與哥哥嫂嫂住在一起。那是一處陝北窯洞小院，也是他繼續被軟禁之所，因為政治犯出了監獄也是沒有人身自由的，這是中國的現實。

2017 年 8 月 13 日上午 9 點多，他的嫂嫂去他住的窯洞喊他吃飯，卻發現人不見了。迄今，已經 5 年多，超過了 2000 個日日夜夜。他在美國的妻子耿和和兩個孩子，一直無法得到關於他的任何消息。他可能還活著，但是已經喪失了個人的人身自由，失去了他的家庭溫暖和個人健康。而他的家人和親人們，也同樣深受中共非人性的迫害與折磨，至今創傷未平，一直處於擔心與焦慮之中。

而這，並不是他唯一的一次失蹤。在他近 20 年的抗爭歲月裡，被失蹤了 6 次以上。

二、成長經歷

高智晟先生完全靠自學大學法律本科畢業，通過了考試後獲得律師專業證書，從而成為了一名律師。自學成為律師，而後成為一位著名的律師，他的個人成長經歷可謂是一個民間奇蹟。

1963 年，他出生於陝西省佳縣佳蘆鎮小石板橋村的一眼窯洞裡，家境十分貧寒，他是家裡 7 個兄弟姊妹中的第 5 個孩子。11 歲時他的父親就去世了，兄弟姊妹們從此和母親一起艱難度日。高智晟很愛讀書學習，16 歲那年，他考進了縣重點中學，但是家裡

供不起他，被迫中斷學業回家務農。他還曾下煤窯挖煤兩年，但沒有得到一分錢的報酬。21 歲那年，爲了有飯吃，他報名參了軍。他與妻子耿和就是在新疆服役期間認識的，於 1990 年結婚。

退役後，高智晟先生留在新疆，陸續在一些工廠打工，甚至在街頭賣菜謀生。其間，他萌生了通過自學而成爲一名律師的想法。在打工之餘他就讀書自學法律，經過了五、六年的業餘苦讀，1994 年他通過了中國的法律專業高等教育自學考試。1995 年，高智晟又通過了律師資格考試，成爲一名律師，並於次年開始在烏魯木齊執業。那年，他 32 歲。

高智晟先生在烏魯木齊執業期間，約四分之三的案件都是幫助弱勢群體打免費的維權官司。他的想法很簡單：「我的出身很窮，我知道窮人的感情，所以我知道我要做什麼。……我不會把幫助別人看成是對別人的施捨。我的目光很長遠，我要用我的這一輩子拯救我的下一輩子！」他認爲一名律師就應當爲弱勢者撐腰，所以決心盡其所能爲中國的弱勢者維護合法權益。2000 年，他到了北京，創立了晟智律師事務所並陸續聘請了約 20 名律師。他給自己的職業生涯定下了規矩：所接受的案例中，三分之一都爲窮人弱勢群體免費打官司。

無論在新疆還是在北京，高智晟先生不僅經常免費爲弱勢群體打官司維權，還經常自掏腰包，資助一些非常困難的當事人。2001 年，他被中國司法部授予「中國十大傑出律師」榮譽稱號。

三、爲自由、人權而抗爭

1、抗爭開始

高智晟先生爲人權而抗爭是從 2004 年底代理和調查法輪功學

員黃偉的案例開始的。在調查過程中，中共當局鎮壓平和善良的平民使用的殘暴手段震驚了他。法輪功學員以靜坐的方式堅持他們的信仰，並且以此健身和修練，但是當局對他們進行殘酷的肉體折磨，甚至造成多人死亡。他發現，中共鎮壓和迫害公民的機構就如同黑社會一樣黑暗與殘暴。

於是他決定向中國最高領導層上書陳情，請求他們尊重法輪功學員的信仰自由和合法的人身自由與公民權利，先後上書了四次：

（參見，例如

https://groups.google.com/g/lihlii/c/DuYeqPXHdyY?pli=1）

2004 年 12 月 31 日，〈高智晟致全國人大公開信〉

2005 年 10 月 18 日，〈停止迫害自由信仰者，改善同中國人民的關係—高智晟致胡錦濤主席、溫家寶總理的公開信〉

2005 年 11 月 22 日，〈致胡錦濤、溫家寶第二封公開信〉

2005 年 12 月 12 日，〈必須立即停止滅絕我們民族良知和道德的野蠻行徑—高智晟致胡錦濤、溫家寶及中國同胞的公開信〉

從他的第一封公開信開始，中共當局就開始了對他的跟蹤、監視和迫害，經常派出多人尾隨他，即便到外地出差，也如影隨形地跟著。他家樓下經常停著十幾輛甚至二十多輛國保的車，數十人駐紮在他家周圍，監視和騷擾他與家人的日常生活。他的周邊鄰居們的生活，也因此受到驚擾。高智晟將這些情況都寫在他的上書和公開信裡。

2005 年，中共當局勒令他的律師事務所停業整頓，並扣押了營業執照和執業證書。不但對他的上書陳情充耳不聞，而且變本加厲地迫害他和他的家人。這令他對中共徹底失望，2005 年 12 月 13 日，他發出了退黨聲明，公開宣布與妻子耿和一起，退出中國

共產黨組織。因此他也改變了他的信仰，在 2005 年受洗成爲基督徒。

〈高智晟退出共產黨的書面聲明〉

https://www.epochtimes.com/b5/5/12/13/n1152477.htm

2、遭迫害開始

2006 年 3 月涉嫌活摘法輪功學員人體器官的「蘇家屯事件」曝光，高智晟先生公開表示參與調查，並公開邀請加拿大前亞太司長大衛‧喬高和國際人權律師大衛‧麥塔斯介入調查，但他們都被中共當局阻攔，不能進行任何實際調查。

同年，他積極參與廣東太石村村民以及汕尾農民的維權事件，爲這些合法權利受到嚴重侵害的農民群體公開發聲。他發起了維權接力絕食，成立「維權絕食團」，聲援維權的農民們，獲得了中國 25 省人士響應。後來香港、台灣法律界及政治人物也紛紛響應，擴大爲世界四大洲幾十個國家和地區的全球接力絕食。但許多中國大陸絕食者、志願者遭當局綁架失蹤，高智晟也受到特務的監控騷擾。2 月 13 日他發出〈每個人都能行，用自己的身體在自己的家裡〉，呼籲絕食接力。3 月 6 日「全球萬人絕食」啓動。

正因爲如此，高智晟先生受到了中共當局更加嚴厲的迫害和打擊。2006 年 8 月，他被吊銷了律師執業證。對一個律師而言，這等於砸了他的飯碗。8 月 15 日，他被從在山東的姊姊家中祕密綁架和關押，與親人失去了聯繫。根據他後來的記述，在祕密綁架期間，中共當局對他施行酷刑和虐待。美國眾議院曾在 2006 年 4 月 27 日以 421：0 票通過 365 號決議〈督促中國政府恢復高智晟律師及其律師事務所執照〉。

3、逮捕，判刑

2006 年 9 月 21 日，中共當局以「煽動顛覆國家政權罪」將高智晟先生正式拘捕。被捕後，他的家屬受到當局嚴密控制，並被阻斷了與外界的正常通訊，中共的國保們甚至毆打了他的妻子。

12 月 21 日，北京市第一中級人民法院作出一審判決，以「煽動顛覆國家政權罪」判處高智晟先生有期徒刑 3 年，緩刑 5 年，剝奪政治權利 1 年。然而，耿和證實，當局從未把所謂的判決書交給家人及其律師。

在所謂的 5 年緩刑期間，他就有長達 3 年時間處於失蹤狀態，總共被關押的時間是 129 天。其中被拷住雙手的時間是 600 小時；被固定在特製的鐵椅上的時間是 590 多小時；被左右雙向強光燈照射的時間為 590 多小時。129 天裡，被強制盤腿坐在地板上「反思罪過」的時間是 800 小時左右；被強制擦鋪板的次數為 385 次。這些都是當局交由同監室的犯人來強制執行。

4、三次被失蹤

第一次

在緩刑軟禁在家期間，高智晟先生並沒有屈服。2007 年 9 月 12 日，他發表了《致美國國會公開信》，用 1.3 萬字描述了中國人權實況，呼籲當時的美國總統及其國會效法前總統里根抵制出席 2008 年的北京奧運。公開信發出後，他被帶走，失蹤逾 50 天。

2009 年 2 月 9 日的網絡上流傳出一篇高智晟先生署名、寫於 2007 年 11 月 28 日被北京警察圍困在家中的文章〈黑夜、黑頭套、黑幫綁架〉。文章詳細描述了他在 2007 年被祕密綁架後的 50 多天裡遭受的嚴重的酷刑。該文引起了美國、法國、德國等多國媒體

的關注。駭人聽聞的酷刑如，國保們以電擊、竹籤捅生殖器，用菸頭燙鼻子與眼睛，以及其他多種施於肉體和精神方面的酷刑。國保們表明是以「對待法輪功的酷刑」方式對待他，並聲稱他不可能活著出去。中共當局還曾經以多種酷刑手段逼他寫批判法輪功的文字，但未能如願。不過高智晟先生在被釋放前做了部分的妥協，即在假筆錄上簽名「政府沒有綁架高智晟，沒有酷刑折磨高智晟，對高智晟全家關愛倍至」。這個部分妥協的原因是國保威脅他若把酷刑向外界透露，將在他的妻女面前折磨他，並且威脅說他的女兒將會被搞死。

在這篇五千多字的文章中，他寫道：「……四支電警棍開始電擊我，我感到所擊之處，五臟六腑、渾身肌肉像自顧躲避似的在皮下急速跳躲。我痛苦的滿地打滾，當王姓頭目開始電擊我的生殖器時，我向他求饒過。我的求饒換來的是一片大笑和更加瘋狂的折磨。……期間有過許多奇異的感覺，諸如：有時候能真真切切地聽到死，有時又能真真切切地聽到生。到第十二、三天後我完全睜開眼時，我發現全身的外表變得很可怕，周身沒有一點正常的皮膚……」

《至美國國會公開信》與〈黑夜、黑頭套、黑幫綁架〉的鏈接，見，例如：https://groups.google.com/g/lihlii/c/DuYeqPXHdyY?pli=1

第二次

2009 年 2 月 4 日，高智晟先生在陝西的老家裡被超過 200 名警察帶走後，再次失蹤，長時間下落不明。後來方知遭單獨囚禁及酷刑。美國德州基督教團體對華援助協會，曾為此收集了 15 萬人的簽名，要求中國釋放他。這次失蹤期間，海外多個人權機構呼籲

中國政府公開高智晟信息，但中共當局不予理會。

　　2010 年 3 月 28 日，耿和突然接到她丈夫高智晟的電話，說他身在山西五台山。經過長達 14 個月失蹤後他突然再次「回到」人間。在國際社會持續壓力下，4 月 7 日，高智晟被允許回到北京，並在北京接受了美聯社的採訪。美聯社 4 月下旬的報導證實，高智晟先生在 2009 年被失蹤後，遭到了長達 14 個月的非法關押，期間所受酷刑程度「沒有言語可以形容」，比起在 2007 年被失蹤期間，中共當局對他所施酷刑更加嚴重，例如國保們曾脫光他的衣服，輪流用手槍打他，甚至連續毆打了兩天兩夜。

　　第三次

　　在被美聯社採訪後，不過兩星期，高智晟先生再次被強迫失蹤，長達 20 個月。這次他被失蹤後，美聯社決定公開高智晟在專訪中的更多的祕密談話（在訪談中他原先表明暫不公開），主要是前次失蹤期間所遭受的酷刑的可怕細節。耿和獲悉後非常難過，她向記者表示，從他接受專訪的照片看，他的整個相貌發生了變化，臉型都已經變得扭曲了。他一定經歷了非常殘酷、非人的虐待，跟 2009 年初相比，不過一年多的時間，卻看上去將近老了 20 歲！

　　5、夫人、孩子逃亡國外

　　從 2005 年開始，中共就派出大批國保跟蹤、監視和騷擾高智晟先生以及他的家人，他的夫人和兩個孩子。當時，他的女兒 12 歲，兒子才 1 歲。他們全家經常被軟禁在家，不許出去，如果外出，則多人跟蹤，就連他女兒上學也常規性地被 6-10 名國保尾隨跟蹤到教室，在教室繼續監視。遭到這樣的特殊待遇，使他女兒在學校

被學生和老師另眼相待。一段時間後，他女兒產生了心理問題，拒絕再去學校讀書，甚至一度想自殺。到了 2007 年，國保的跟蹤，甚至連他 3 歲的兒子也不放過，每天會有不低於 4 名國保跟蹤、監視這個孩子。高智晟在《給美國國會的公開信》中曾描述了國保跟蹤、圍困他和家人的情況。

高智晟先生在一篇 2007 年 9 月傳到境外的文章中指出，中共當局為了徹底擊垮他，把他的妻子和孩子們「做人質」。「除電視機、電燈外，一切標誌著今日人類文明的設施我們都恍如隔世。我們被強制不許見任何還活著的我們以外的同類。我們家成了囚禁我們四人的場所。我們成了這個時代人類最為孤獨的人。」「這樣的做法是對整個人類道德文明的公然的、公開的、持續的挑釁和踐踏。」

2009 年 1 月 9 日，不堪常年被國保圍困、折磨的妻子耿和，決定為了孩子冒險離開中國。她在友人協助下帶著 16 歲的女兒和 5 歲的兒子，從雲南偷渡到泰國，歷經艱險之後在 3 月 12 日抵達美國。他們母子三人很快就獲得了美國政府的政治庇護，在美國定居下來。從此，高智晟先生一家人遠隔重洋。

6、沙漠監獄，三年地獄

2011 年 12 月 16 日，根據中共新華社的報導，高智晟先生的緩刑被法院撤銷，他將被送往監獄服刑 3 年。他的親人曾於 2012 年 1 月到監獄探監遭拒絕，一度引發外界擔憂高智晟先生已經被死亡。

2012 年 3 月 24 日，在高智晟先生與親人失聯近 2 年後，中共當局終於允許他們赴監獄會見。他的大哥高智義和岳父等親人，

在新疆阿克蘇地區沙雅縣的一座監獄，首次隔著玻璃與他交談了半小時。值得一提的是，他的親人是在 3 月 15 日前後接到當局的通知，准許赴新疆探視，並被下令不得告知外界。

沙雅監獄是位於阿克蘇戈壁沙漠中的一座農場監獄，當局經常把一些內地省市的重刑犯轉移到這裡服苦役，生活條件非常艱苦。高智晟先生在監獄裡，每天只有饅頭和白菜充飢。

他在監獄服刑期間，大赦國際發起「寫信給高智晟」的營救馬拉松，各國民眾累計寄出逾 16 萬張明信片營救。台灣立法院 2012 年通過營救中國大陸良心犯決議，高智晟先生名列其中。聯合國、美國國務院、英國政府、歐盟、人權觀察等多國政府及國際組織長期聲援，並持續要求中共當局無條件釋放他。

2014 年 8 月 7 日，高智晟先生三年受獄刑後，雖經外界呼籲如期被釋放，但其身心狀況極差。BBC 引述人權組織的說法「高在監獄被完全摧毀」，其精神、肉體都受嚴重酷刑，並且因被剝奪與人交流的權利，導致記憶、語言功能嚴重衰退。出獄後的高智晟先生被中共當局押送回陝西老家，被限制居住在他的哥哥高智義家。

高智晟先生在 2015 年 1 月接受美聯社的專訪中說，他在沙雅監獄中受到了非人的待遇，曾被用電棒點擊面部，而且這三年期間一直被關在禁閉室。獄方在他的牢房裡裝上了擴音機，連續 68 個星期播送洗腦宣傳的內容。依照中國監獄法的規定，禁閉不能超過 15 天，而他被關禁閉長達三年！長時間地被單獨關押，沒有人交流，會造成心理健康問題，甚至會導致語言能力喪失。

耿和說，出獄後的高智晟先生顯得精神呆滯，語言能力退化，牙齒僅剩下幾顆，原本 80 公斤的體重，下降到了不足 50 公斤，他的身體受到了嚴重的摧殘。

7、軟禁在窰洞，寫書

在陝北老家窰洞軟禁期間，高智晟躲過監控人員，偷偷地寫作。在一年左右的時間，他寫了兩部分別近二十萬字的書稿：《2017，起來中國》以及《爸爸的故事》。前一部書是呼籲中國人起來反抗中共獨裁政權，爭取一個自由、民主、法治的新中國，他在書中曾預言中共會在 2017 年面臨垮台危機。後一部書稿是寫講述他自己的家庭、他的個人從艱辛的童年到坐牢入獄的人生故事，即一部個人自傳，給他的孩子們讀的書。

2015 年底，他設法將兩部書稿傳到了海外。2016 年，《2017，起來中國》在台灣出版。但是另一部書稿因為缺乏經費和出版商支持，迄今還沒有出版。

到了 2016 年底，他的另一部書稿，《中國聯邦共和國憲法》草案以及他的制憲記錄，也由朋友輾轉送到了海外。耿格說，這部書稿一共有 12 章，170 條，509 款，共 11 萬字。這部憲法草案已經在網上公開發表。

8、再度被失蹤，至今

在被軟禁陝北老家期間的高智晟先生，與太太和孩子們，可以通過手機交流、保持聯繫。但是這種有限的基於無線電波的親情聯絡，持續了不到三年。2017 年 8 月 13 日，他再度被失蹤。這是他抗爭以來的第四次的長時間地被失蹤，迄今，幾經超過了 2000 個日日夜夜。耿和通過各種途徑打探消息，均以失敗告終。

從 2004 年起，高智晟先生一直為中國人的自由和人權呼籲、抗爭。近 20 年間，他失去自由的時間總計有 18 年之久。這沒有自由的 18 年，由失蹤、軟禁和坐牢構成。他為中國的社會進步付

出了極大的個人和家庭的代價，他可能還活著，但沒有人生自由，也被喪失了他的家庭和個人健康。

四、親友遭株連與迫害

為了鎮壓高智晟先生的抗爭，中共當局竟然株連了他和妻子耿和的全部家人親人。他的親人常年受到監控，嚴重影響了他們的工作和生意。耿和的父母近 90 高齡，而母親身患老年痴呆症，他們也未能行倖免，還必須按照規定，每個月到當地公安局簽字。簽字的文件上寫著，耿和和她的孩子們是通緝犯。

為了控制高智晟與耿和的親人，中共當局沒收了他們的身分證件。沒有了證件，他們的兄弟姊妹們在日常工作和生活中，不得不面對數不勝數的不便和屈辱。不僅不能乘坐飛機火車，不能辦理銀行業務，尤其惡毒的是，高智晟先生的姊夫得了重病，每次取藥時公安屢屢刁難，拖延不給他使用身分證，造成了治療困難，更讓他蒙受了巨大的屈辱。2016 年 5 月的一天，病重的姊夫跳樓自盡。

2020 年 5 月，他的姊姊因他的事情牽連，常年擔驚受怕，憂鬱成疾，絕望中跳河自殺，享年 61 歲。這是她的第三次跳河自殺，前兩次都被人救起，這一次，她徹底走了，永遠離開了中共的迫害和她苦難的弟弟！

2017 年，山西公民邵重國先生和李發旺先生因協助高智晟先生到山西被刑拘逮捕。當年 10 月，李發旺先生因病重獲取保候審，而邵重國先生則被判刑 5 個月。

五、高智晟的抗爭理念

閱讀了高智晟先生的著作和文章，以及他的呼籲書，我們可

以清楚看到，他的奮鬥目標是希望中國成為一個自由、民主、法治的文明國家，由人民選舉產生國家權力機關，以憲法和法律管理國家。他所追求的民主之路是經過一個和平轉型過程。簡言之，他追求的是自由、和平、民主、憲政、富裕、平等的文明中國，這和林肯總統所說的民治、民有、民享的理想是相同的。

高智晟先生在他的文章〈退黨近神，肩住中國懸往非和平轉型深淵的車輪〉中寫道：「我們不僅要使轉型之後的社會制度是中國歷史上前所未有的，而且我們必須要以中國歷史上前所未有的轉型手段和轉型過程來完成轉型，要警惕中國社會再行回到暴力轉型的價值當中去。」

高智晟先生痛恨中共專制政權對人民所犯下的罪惡，但是他反對以暴制暴，以惡制惡。他始終堅持和平抗爭、和平轉型、和平推進中國的民主進程。

高智晟先生是一位和平理性的人權律師。他不僅是一位真正的中國的良心，更是中國的脊樑。他給予無數苦難中的中國人以希望和爭自由的勇氣。

六、高智晟和平抗爭的影響

高智晟先生的長年抗爭，他的和平、理性、忍耐與堅守，激勵了大量海內外的中國人，也感動了很多支持中國人權和民主進程的國際人士。

高智晟發起的絕食維權，能夠在全球獲得萬人以上響應和參與。

大赦國際發起的給獄中高智晟寫信活動，全球有超過 16 萬人參與。

高智晟曾獲得過 3 次諾貝爾和平獎提名。

他因多年為人權而和平抗爭，獲得了以下榮譽：

2005 年，中國傑出民主人士獎，（中國民主教育基金會）

2006 年，人權鬥士獎（亞太人權基金會授予）

2006 年，特別人權英雄獎（中國自由文化運動授予）

2007 年，奧地利布魯諾・克萊斯基人權獎

2007 年，勇敢提倡者獎（美國庭審律師協會授予）

2010 年，國際維權律師獎（美國律師協會授予）

2011 年，言論自由獎，（國際查禁目錄組織授予）

2012 年，捍衛言論自由獎，（美國紐約視覺藝術家協會授予）

2012 年，十佳榮譽律師獎，（中華維權律師協會授予）

2017 年，推動中國進步獎，（澳大利亞齊氏文化基金）

2018 年，沙赫巴茲・巴蒂自由獎，（國際第一步論壇）

2020 年，林昭自由獎，（對華援助協會）

七、高智晟的部分著作

2014 年 8 月－2017 年 8 月份期間：《十年的酷刑及 10 年永不放棄的信念》英文版（美國律師協會出版）、《2017，起來中國》、《2016 年中國人權報告》中英文版，以及《中華聯邦共和國草案》。

為遭受迫害的中國維權人士發表了 30 多篇的公開信：《江天勇律師何「罪」之有》、《王全璋律師可能的命運情形》、《中共國裡扯「賄選」是個笑話》、《高智晟於美國大使先生人權日文商榷》、《壓逼人權方面心細如絲的邪惡》、《「泛五毛」現象對中國言論自由環境生成的滯阻》、《「美國之音」止播事件的意義》

《「指定監視居住」就是中共的私獄》、《709 兩週年記》、《邵陽縣匪警鬧市裸體信步的邪惡氣魄》等等。

已出版：

高智晟文集《神與我們並肩作戰》，英文版名爲《A China More Just: My Fight as a Rights Lawyer in the World's Largest Communist State》

《中國民企維權第一案》

《2017 年，起來中國！酷刑下的維權律師—高智晟自述》

美 國 律 師 協 會 出 版 發 行 高 智 晟 書《UNWAVERING CONVICTIONS: Gao ZhiSheng's Ten-year Torture and Faith in China's Future》

公開發表的文章：

〈高智晟致全國人大公開信〉

〈停止迫害自由信仰者，改善同中國人民的關係—高智晟致胡錦濤主席、溫家寶總理的公開信〉

〈高智晟致胡錦濤、溫家寶第二封公開信〉

〈必須立即停止滅絕我們民族良知和道德的野蠻行徑—高智晟致胡錦濤、溫家寶及中國同胞的公開信〉

〈高智晟退出共產黨的書面聲明〉

〈黑夜、黑頭套、黑幫綁架〉

〈退黨近神，肩住中國懸往非和平轉型深淵的車輪〉

〈中國聯邦共和國憲法草案〉

〈2016 年中國人權報告〉

尚未出版的書：

《爸爸的故事》

根據該書稿編寫的其中的一些獨立而有關聯的、通俗易讀的故事已經發表在《大紀元》，並被其他一些網站轉載：

https://bit.ly/3GJ37HK

本文成文於 2023 年 4 月 20 日高智晟先生 59 歲生日

本書作者註：該文發表於大紀元評論的「自由廣場」欄目

父親手中的一粒玉米

—向高智晟先生終生辛勞而早逝的父親致敬(1)

❖

哦，父親！我握著筆的手一直在顫抖：

讓我如何描寫您、追念您？

您與平民的母親一樣，您是那樣的平凡。（2）

您與天下很多嚴厲的父親一樣，

對您的孩子有時打罵，甚至在您重病臥炕之時。

然而，您對母親和孩子們的疼愛，

還有您對自己的母親的愛和孝敬，

讓天下的男人對您充滿敬意。

您的形象是那樣的栩栩如生，呈現在我的眼前：

您的臉龐如同一幅木刻，布滿皺紋、飽經風霜，

古銅色的皮膚，春夏秋多數時候光著肩膀，

身上只穿著短褲，一雙粗大堅實的腳。

我的耳邊，響起了您的大腳行走時拍打路面的聲音。
您的雙肩是那樣的雄厚，曾經擔起了九口之家。
一個樸實的莊稼漢，一生巴望著擺脫貧窮和苦難，
可是，對您來說，是死亡讓您將貧苦擺脫！

哦，父親！您手中的那個玉米粒在我眼前發光：
您身上背著滿滿的莊稼，走在山坡上，
到了坡頂您放下背上的莊稼，回頭
撿起了那一個掉在路邊的玉米粒。您用手搓了搓，
吹去塵土後放進嘴裡慢慢地、慢慢地咀嚼。
這就是您，惜糧如金的父親。您用您的行動
詮釋：「誰知盤中餐，粒粒皆辛苦。」
這就是您，平凡的偉大、偉大的平凡！

當人們欣賞十一多個世紀前白居易的《觀刈麥》之時，（3）
可否知道半個世紀前
高智晟先生的撿起路邊一粒玉米的父親？

註：
（1）高智晟先生在從未發表的一系列給孩子們的家書《爸爸的故事》中講述了他的父親「一生善良、正直勤奮，同情窮人」，而且又是一個大孝子。
（2）「高智晟：我的平民母親」
https://www.epochtimes.com/gb/5/3/18/n854721.htm
（3）【古韻流芳】白居易《觀刈麥》嘆民間疾苦
https://www.epochtimes.com/b5/21/8/6/n13144520.htm

本書作者註：該詩歌發表在大紀元文化網「詩詞歌曲」欄目。

心懷希望，為中國所有的良心犯祈禱

耿格

大紀元編者按：著名的中國人權律師、被稱為「中國的良心」的高智晟先生從 2017 年 8 月 13 日被失蹤後，至今杳無音訊。該文是高智晟先生的女兒耿格（英文名字 Grace，格蕾絲）參加 2021 年宗教自由峰會（International Religious Freedom Summit 2021, July13–15, Washington DC）時，接受主持人、家庭研究委員會（Family Research Council）主席托尼·帕金斯（Tony Perkins）的採訪，由韓亦言先生根據現場英文對話錄音翻譯。格蕾絲是大會的發言者之一，被列為人權活動家（Human Rights Activist）。這篇翻譯稿得到了高智晟的夫人耿和女士的認可，並同意正式發表。

托尼：「現在，我高興地介紹下一位被採訪者格蕾絲·高，她是高智晟先生的女兒。高智晟是一位人權律師，他在中國經受了巨大的苦難，包括被關押和酷刑折磨。作為人權律師，他做的工作是感人的。他勇敢地代理其他律師不敢接的案例，為法輪功修煉者、

家庭教會領袖和其他的許多人辯護。由於他的工作，他就成了中國政府控制的對象。2006年，高先生被以「煽動顛覆」罪判刑3年。2011年12月，他又被監禁，理由是他違反了給他緩刑3年的有關條件。2014年8月7日，他在被釋放時繼續被軟禁在家，直到2017年8月。但從那時起，沒有人知道他到底在哪裡，中國政府沒有任何的通報。從他最後一次與家人的聯繫，已經4年過去了，格蕾絲再也沒有辦法聽到他的消息，更無法見到他。而格蕾絲成長為演說活動家，為她的父親和其他在中國被錯誤關押的人士呼籲。她曾經在聯合國人權委員會（UN Human Rights Council）和奧斯陸自由論壇（Oslo Freedom Forum）上做過演講。很榮幸，今天格蕾絲能來和我們一起討論，她是又一位勇敢無畏的年輕女士。請大家歡迎格蕾絲·高。（譯者註：觀眾鼓掌，格蕾絲上台與主持人握手坐下。）

托尼：「格蕾絲，非常感謝妳今天來到這裡。為我們的交談做些鋪墊，請先說說妳父親的故事以及發生的事情，儘管我們已經簡要地提到了一些。」

格蕾絲：「嗯。我先要感謝大家讓我來到這裡，謝謝妳，托尼。根據我所知道的事情，我要告訴大家的是，首先，我的父親高智晟是一位非常虔誠的基督徒，其次，他也是一位人權律師。他經常代理一些對信仰團體的訴訟的案件，包括中國非官方的家庭教會和法輪功學員。這就是為什麼他成了中國政府打壓的對象。

有意思的是，他在早期的職業生涯中，2001年，曾被命名為十大傑出律師之一。這是中國司法部認定的，而且中央電視台作了全國性的播報。可是，之後不久，因為他為受害人辯護的工作而受到打壓。」

托尼：「從（上次）聽到妳父親的消息到現在已經4年了，是吧？」

格蕾絲：「是的。」

托尼：「妳正在爲妳的父親，也爲在中國的其他人公開發聲、伸張正義。妳知道中國是怎樣對待那些人的。爲什麼、爲什麼妳還要做呢？」

格蕾絲：「我要告訴大家，中國有成千上萬個家庭像我家一樣遭受苦難，僅僅因爲他們爲他人站出來、爲他人說話。很多人、大多數人正在經受嚴重的困苦，僅僅是因爲他們的信仰。我認爲這不公平，我們都享有同樣的權利。我要針對這個問題。」

托尼：「妳正在做妳的父親做的事情嗎？」

格蕾絲：「嗯。我嘗試著做。很多時候，我把自己比作一隻螢火蟲，生活在非常黑暗的地方。在沒有光亮的時候，我相信，我可以爲我自己點亮一盞燈，因爲我像是一隻螢火蟲。在某種意義上，是的，我會繼續他的事業。」

托尼：「妳最後一次與妳的父親交談的是什麼？（譯者按：問話被觀眾的掌聲打斷。）最後一次妳和妳的父親談到的是什麼樣的事？」

格蕾絲：「我與父親最後的一次通話是在4年前，實際上是他給我打的電話。他與我分享了上帝給他的一個景象（譯者註：vision，也可譯爲願景或遠景等），他告訴我他做的一個夢。他說，他不知道將來會發生什麼，但他夢到了一個小女孩敲他的門，她大概七歲或者八歲的樣子。她問他可不可以借他的鋼筆。然而，他沒有計算機、不知道如何打字，他唯一的武器就是他的一支筆。我爸爸說：『這是我唯一擁有的東西，我不能給妳。』而小女孩卻說，

『耐心點。我用完之後,會把筆還給妳的。』接著,我爸爸告訴我,做好準備,他可能又會失蹤。正如他所說的,他失蹤了,直到今天。(譯者註:哽咽,觀眾掌聲鼓勵。)」

　　托尼:「格蕾絲,妳給我的感覺是,妳很平和而且對妳正在做的事情很自信。」

　　格蕾絲:「謝謝。」

　　托尼:「那些激勵妳父親的理由也同樣地激勵著妳嗎?」

　　格蕾絲:「嗯。我在嘗試,我努力在做。每當我想保持沉默的時侯,就回想起我們在中國生活的日子,並不僅僅是我的爸爸被酷刑、被24小時監控,我的整個家庭也是。記得在2005年的普通的一天,當時我的爸爸已經被關在拘留所裡,但媽媽卻哄我說他出差了。那天,她帶我去了一家附近的理髮店,突然,十幾個黑衣人衝進店裡,他們拿著挺大的攝像機,閃光燈一直亮著,鏡頭靠近對著我們的臉,然後架著我和我的母親回到我們的住所。進了家,看到保姆和我稚小的弟弟躲在牆角。一些跟來的警察,開始搬走我家裡的東西,嘴裡說著『這些都是犯罪的證據』。他們拿走(我們的物品),很奇怪,他們甚至拿走了燒飯的鍋。我不知道他們要那幹什麼,喔,很明顯,那是犯罪的證據(譯者註:嘲笑的口吻)!

　　從那一天起,他們不允許我們走出家門,而且七、八名警察就住在我們僅有兩個房間的住所。我記得,我們不能外出,我的弟弟白天晚上哭著要配方幼兒牛奶(譯者註:哽咽)。他們完全不聞不問,但是他們卻一直在做記錄。他們有一個小記錄本,輪流8小時值班,每天3班。他們在小記錄本上記下每一件事,什麼時間我弟弟哭的,為什麼哭,嗯...(譯者註:哽咽),什麼時間我淋浴的,淋浴了多長時間。所有那些無聊的事,他們卻記錄得很詳細。

因此，當我回想起那些日子，我想到的是整個家庭遭受的同樣的苦難，真的，我就不可能不說話。（譯者註：觀眾掌聲。）」

托尼：「格蕾絲，妳在這裡對我們的觀眾講話，他們非常關注信仰自由。在迫害人民的信仰的那些國家之中，中國確實是名列前茅。正如我們之前談過的，中國正在對外輸出（他們的迫害模式）。妳認為怎樣才能使它有所不同呢？當其他的國家與基督教團體以及其他的宗教信仰團體對中國施壓的時候，這能讓它改變嗎？」

格蕾絲：「是的。嗯，當然了，我想，中國（表面上）是相當的強大，因為，很多人，妳知道的，很多人（對中國的現實）愚昧無知。我以為，當越來越多的人聚焦這些問題的時候，它就會改變，將會有很大的改變。」

托尼：「格蕾絲，以妳的膽識和妳秉持的妳父親的精神力量，妳會帶來很大的改變。謝謝妳今天來到這裡。我想問妳，我們談話的時間就要結束了，我可不可以為妳祈禱？」

格蕾絲：「當然可以。我要說最後一句話，我想補充一下。嗯，我希望每一個人永遠心存希望，盡妳所能地祈禱、為盡量多的人祈禱。（譯者註：以下在哽咽中講話）因為很多被關在監獄裡面的人，我認為，唯一能使他們活下去的動力是外面有人在關注他們，仍然在為他們祈禱。非常重要的是，我們不能忘記那些人，即使我們不了解那些人，但是他們需要我們信仰的力量。（譯者註：觀眾掌聲。這時，托尼伸出手，他們握著手禱告。）」

托尼：「假如妳們願意和我一起，我要為格蕾絲祈禱，並滿足她的請求。我們為那些此時此刻被捕在獄的、以為沒有人在乎而失去希望的人祈禱。天父，為了格蕾絲，我們感謝祢，為了她的勇氣和膽識，我們感謝祢。感謝祢，她從她的父親手中接過了自由的火

炬，儘管只是不長的一段時間。我們祈禱他將回來，重新舉起那把火炬。

天父，我們現在為那些像格蕾絲家一樣的家庭，以及他們在中國和其它地方的磨難祈禱。上帝啊，請求祢告訴他們，他們並不孤單。上帝啊，我們會響應他們的呼喚，我們會替他們發聲，我們會為他們伸張正義，我們不會忘記他們。他們是我們的兄弟姊妹。我們以耶穌的名義祈求，阿門。」

格蕾絲：「阿門。」

托尼：「謝謝妳，格蕾絲。謝謝。和妳一道真好。」

格蕾絲：「謝謝。」

註：原英文訪談視屏：https://www.youtube.com/watch?v=Lqn1cUuPIN8

本書作者註：該文發表在大紀元新聞「北美新聞」欄目

為了中國的公平和正義，請不要沉默

—耿格在 2017 年 5 月在奧斯陸自由論壇上的呼籲

耿格

譯者按：該文是著名的中國維權律師高智晟先生的女兒耿格在 2017 年 5 月在奧斯陸自由論壇上的演講。而在當年的 8 月 13 日，她日夜思念的父親在陝北家中被失蹤，至今一直杳無音訊。百年中共，百年紅禍。今天，中共法西斯更加瘋狂地搜刮民脂民膏、繼續殘忍地鎮壓異議人士和維權民眾、迫害法輪功修煉者和所有的宗教信仰者。

「慶父不死，魯難未已」。中共是百年中國所有人道災難和社會無法無天的根源。譯者認為，耿格多年前的呼籲，依然有著十分鮮活的現實意義。無論是身處自由世界還是在中共統治的地方，我們一定要持續關注中國的良心和勇氣高智晟先生和所有的被中共迫害的團體和人士，一定要堅持抗爭，一定要堅持發聲和曝光中共法西斯反人類的惡行。文章是根據耿格的英文演講錄音漢譯。這篇翻譯稿得到了高智晟的夫人耿和女士的認可，並同意正式發表。下面是耿格的演講。

大家好。很榮幸站在這裡，我真誠地感謝奧斯陸自由論壇給我這次機會。

我叫耿格，我的父親高智晟是人權律師，他被關進監獄直到2014 年。你們可以從網上看到很多關於他和他的工作的資料。但是，今天我不想談眾所周知的他，我只想說說只有女兒才知道的他。

在成長的過程中，我實際上不常見到他。媽媽一週帶我去他辦公的地方一、二次，我記得他的辦公室總是擠滿了人，有坐輪椅的，有在擔架上，有哭的。那時我才四歲，並不知道大人的事，但我相信，我的爸爸用他超常的能力在幫助那些需要他幫助的人。我們見他時，爸爸會拍拍我的頭，和媽媽說幾句話，然後就趕快回頭辦公，讓我們待在走廊裡。

我的爸爸非常專注地幫助那些人。其中一位顧客是退伍軍人陳先生，在一次車禍後，由於醫療事故，醫生在他體內留下了一塊紗布，造成了可怕的後遺症。他花了二年的時間起訴那家醫院，但由於腐敗沒有成功，最後找到我爸爸為他打贏了官司。在那之後，陳先生很多年與我們保持聯繫。一天，他給我爸爸打電話說他的自行車丟了，我爸爸想都沒想，就寄錢給他買新的。

我爸爸有慢性腰疼病，時有發作。作為小孩子，我卻希望他腰疼，想著那樣的話，他會在家待幾天，有時間和我在一起。但我的願望總是落空。他賣命地工作，即使腰疼，還是要去辦公室，躺在那兒，繼續會見來自全國各地的顧客。有次我問爸爸為什麼工作這樣投入，他回答說，「在這個國家，法律被權力蔑視，律師們無能為力。人們來找我，說明他們還沒有完全喪失信心。儘管我改變不了他們的命運，但傾聽他們的痛苦，表示我的理解，同情和尊重，

這樣的工作有意義。」

我爸爸大多數的顧客很窮。我記得鄒偉毅的故事，就是這張相片上的孩子。由於錯誤治療，僅僅三個月的他就失去了聽力。他家在六年裡爭取讓醫院承擔事故責任，在幾乎要失望時找到了我爸爸。在一年多的時間裡，我爸爸和他的助手，自己花錢往返於新疆和遼寧兩地，終於幫他們贏了。從那以後，他在小孩的生日和假日寄錢去，這樣，孩子的奶奶把我爸爸當作是她自己的兒子。2006年和 2008 年，當我爸爸被政府綁架時，這位上了年紀的老人，乘夜車到北京，站在我家的門外，舉著我爸爸的相片，不停地呼喊著我爸爸的名字，直到被警察帶走。

我爸爸大多數的顧客是中國的弱勢群體，他們都遭到了不公正的對待。在我的記憶裡，爸爸總是用他所有的能力和智慧在幫助他們。不幸的是，這使他成了政府控制的對象，（譯者按：以下的講話幾乎全部在哽咽和悲痛中，但還是流暢地講出）我經常生活在會失去他的恐懼之中，也常常在媽媽的哭聲中醒來。有一段時間，我們被 24 小時監控，有 8 名警察強住在我家裡。他們整天地盯著我們吃，盯著我們睡，甚至盯著我淋浴。另外有 8 名警察每天跟蹤我到學校，他們有時在其他同學面前打我。更不用說，所有的學生被警告不能和我說話，不然，他們的父母也像我爸爸一樣會被關進監獄。人們開始遠離我，好像我有什麼傳染病似的。最終，我連上學的機會也沒有了。因為這樣的遭遇，我做惡夢，甚至開始恨我的爸爸。一天，我待了很晚，不想睡覺，我要看到我父親安全地回到家裡。當他終於走進家門看到我坐在地上，他的眼睛往上翻。我求他，「請你能不能只關心我們，我要我的爸爸，我要像其他女孩一樣過正常的生活」。他沉默了好久，淚水掉了下來，說，「請再

給我幾年的時間，到那時我就只顧家裡了」。每當想起那一刻，我感到內疚。我那時太小了，不能理解他作出的犧牲，太小了，以至於不知道他為了大愛和美好而進行的抗爭。

2009年1月9日，是我們一家人在一起的最後的一天。早晨一醒來，感覺到了緊張而有點害怕的氣氛，好像有人要遠行但卻沒有準備行李。爸爸緊緊地抱了弟弟後，也緊緊地擁抱了我和媽媽。我突然知道，哦，是我們一家人就要離別了，而這次可能會是很久。我們互相抱著流淚，那是最後一次見我的父親。那一天，媽媽帶著我和弟弟逃離中國，踏上了漫長的政治流亡之路，最終到達了美國。

在我父親的新書《2017年，起來中國》中，他描述了我們逃離後的情況：他回到空空的房子裡，將移動床搬到臥室外。好多天，他也不願進入臥室，不願接受我們已經離家的事實。那一年，他又被捕。在8年的關押中，他被酷刑，不讓吃飽飯，長期被關禁閉。他2014年被「釋放」，可直到今天，仍被軟禁在家。由於酷刑，他掉了很多牙齒。目前，我們跟他只有很有限的一點聯繫。不久前收到了父親的一封信，他說，「我確實受盡了折磨。最糟的不是肉體酷刑，而是在嚴冬被關在部隊牢房地下室裡遭受的地獄般的寒冷。那穿心刺骨的冷，遠遠超過了任何的酷刑。但是，更糟的是我對妻子和兩個孩子的想念以及我的負罪感。他們的苦難，讓我有不能忍受的心痛。孩子們出生在這樣的國家是很不幸的事，對他們來說，更不幸的是有我這樣的父親。我對他們造成的痛苦，將永遠無法抹去。」

在中國，有千千萬萬個像我們這樣的家庭。我逃離中國8年多了，但中國的情況變得更加令人擔憂。今天，我在這裡為所有因

中國政府的胡作非爲而失去親人的孩子們呼籲：作爲受害者，作爲逃難者，作爲女兒，我懇求你們，請不要忽視中國政府製造的悲劇，請不要，不要忽視中共對人權的踐踏，請不要保持沉默。

謝謝你們的聆聽。

註：
（1）原英文視屏：https://www.youtube.com/watch?v=YitbtQODPFU
（2）耿格演講的初稿包含了更多的內容：https://www.hrichina.org/en/node/19275

本書作者註：該文發表在大紀元文化網「現代散文」欄目。感謝希望之聲「晨間話題」節目主持人齊玉錄製了該漢譯文章的朗讀。

永不可動搖的善與愛

—重讀父親的新著《2017年，起來中國》感言

耿格

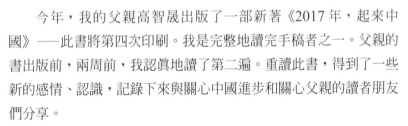

今年，我的父親高智晟出版了一部新著《2017年，起來中國》——此書將第四次印刷。我是完整地讀完手稿者之一。父親的書出版前，兩周前，我認眞地讀了第二遍。重讀此書，得到了一些新的感情、認識，記錄下來與關心中國進步和關心父親的讀者朋友們分享。

絕大多數有正常感情的人讀這本書都會遇到一些困難，得多少承受些感情或是人性的傷痛。作爲他的女兒，書中一些事件的經歷者，我的感受可能是獨一無二的。我遭受的痛苦和悲傷眞的是無法用語言文字來表達，尤其是重讀時。當然，痛苦和悲傷不是我收穫的全部。

2009年1月9日是我們全家在北京生離的日子。從書裡得知，一大早起來，父親按照事前的籌劃，必須提前離開家裡，爲的是

「帶走」家門口的大部分祕密警察，以使他的妻子和孩子們能逃離出自己的家！

那真的是一個永遠刻骨銘心的時刻：在一家人無聲的眼淚裡，父親吻別了我們後轉身離去！這是我見到父親的最後情景。那孤單離去的背影刻印在我的記憶中，成為我永遠的痛！我只是在他逐一吻我們時才意識到這是要逃離了，我哭出了聲，但他沒有回頭。在書裡父親用「痛莫痛兮生離，悲莫悲兮死別」來抒發他當時內心的痛苦；他深愛著我們，這決定了他的痛之深、之重！

從書裡得知，我們離去的當天晚上，他一夜未進臥室，將我們娘仨的拖鞋擺放在平時的位置，自己坐在沙發上感受我們「在家」的氛圍，直到天亮。這段文字我讀了無數次，感受那如山的父愛！

我媽媽後來在一段文字中這樣寫道：「我能感受到他極苦的心！望著他離去的背影，我心裡的痛苦使我感到一種從未有過的絕望和無助。我將和兩個還不諳世事的孩子進入一種從未經驗過的、不確定的艱難和危險中去，而他的苦難則是確定的——他很快會落入冷血的共產黨祕密警察手裡，這是我們事先料到的，所不確定的是要經歷怎樣的迫害？當他的書稿傳出來後，我意識到：可怕的謎底就在裡面。」

母親意識到的苦難前程沒有哪點是父親想不到的，而他是最不忍見我們受苦的。

讀這部書稿，我是花了些時間的，經歷了我人生迄今前所未有的感情困難。我常放下書稿，站起來調適感情。這是一種極困難的努力過程，我和媽媽都覺得捧在手裡的是我父親淋漓的血肉！那些冷峻文字連著的是超出人想像的殘酷現實——祕密警察們對我父親魔鬼般的邪惡！父親說「我總懷疑是在這人間的經驗」，父親的這

句話常使我承受剜骨錐心的痛！

在讀第二遍的過程中，我有意識地在感情上淡化與作者的身份聯繫，意在能理性體悟本書作者特別的經歷以及它能帶給我們的人生發展中的積極啟示意義或叫新的認識。我從來未能有意識地思索過父親，更何況人生命的意義。當然，人的理性認識能力或習慣有一個生長過程。感謝這本書，更感謝我的父親，這本書激發了我這樣的思想衝動、體會和生命。

在讀第一遍的過程中，我總是用父親的感情、個性來解讀他；而讀第二遍時我漸進地體悟出了遠在感情、個性以外以上的東西。一種新的認識方式或習慣，以及一種新意識的生成被我體會到了，這也正是這本書帶給我的收益。我閱讀此書的體會是，感情主導下的第一遍閱讀，讀出的都是苦、怨憤，而且漫無邊際。無法想像自己的父親所經歷的駭人聽聞的苦難，那些酷刑、人性的黑暗邪惡是那樣地讓人毛骨悚然，使人覺得面對兇殘冷酷的共產專制，個人的血性抗爭是何其地緲小、無助乃至絕望。這是我首次閱讀中的消極感受。

在讀第二遍的時候我慢慢認識了，僅憑一個人的感情、個性絕不能抵抗龐大的專制體系，而需要依靠人性中更積極、更堅韌的元素，諸如愛、理想、信仰、正義、抱負，以及近乎神奇的意志力量。具有信仰的意志是打不垮的，更不能被消滅的。這是我在這次閱讀裡得到的新的體會，這給了我許多鼓舞，一種積極的心理態度、一種樂觀、永不動搖的理想信念能使人在極艱危的處境中堅持自我、在異常複雜的利益判識面前保持自我，讓人獲得比任何物理力量都強大的能量。

當然，在一定意義上講，父親又是大幸運者，我們能夠從他

的文字中感受偉大的上帝在困難裡給予他的驚心動魄的保障、關愛和力量。我曾討教過父親：一個人如何能獲得這種幸運？他脫口而答：「人人都能，永不可動搖的善、永不可動搖的愛和永不可動搖的對上帝的信念。」他說任何人在與上帝的親密程度方面是積極主動的，那就是由你對上帝的虔敬程度所決定。無論如何，我們看到對上帝的堅定信念，使父親度過困境的神奇意義。

「積極的目標，積極的心理，積極的作為」是我在父親書裡得到的東西，這給我，也給我的媽媽帶來了許多實在的驚異的變化。父親把任何巨大的困難都看作是一個定要結束前的過程，而我常沮喪地把任何困難都看作是一個壞結果。認識到這點對我本身就是一個大收穫，它能生成對困境完全不同的精神、心理及應對行動，使人得到一種心理或精神的解放，這是我最想與朋友們分享的收穫。

「利益能給人們的眼睛上蒙上一層厚厚的膜，即便雙目失明也不過如此。」父親以不同的文字對此反覆強調過。今天全世界絕大多數政客都心知肚明，共產極權專制的邪惡遠在任何冷血的恐怖組織之上，但他們心安理得地把「中共政權」當成一個正常的國家，這是中國抗爭者所面對的困難及複雜困境的癥結所在，也是中國人民最大的屈辱所在。沒有幾個政客不清楚，那些常與他們握手言歡的手在中國幹下了怎樣的反人類暴行，製造了多少毀壞人類聲譽的罪惡，那些手上沾著多少中國人的血。讀此書我生出了一種強烈的願望：中國的反抗者和他們的同情者，不僅要揭露共產黨的恐怖暴虐，更需勇敢地批評各國政客們的冷漠麻木。

中國的情形，毛時代是不可一世的極權統治下慘絕人寰的災難；改革開放後，經濟雖然發展，但腐敗蔓延全社會，道德淪喪、官權專斷、巧取豪奪、黑惡勢力橫行、坑蒙搶騙，各種反人性的惡

行隨處可見，社會環境、自然環境的破壞，爲中國預備了更長遠的災難。

最後，我想與朋友們分享的是，陳述苦難不是父親這本書的目的，在書中，父親向我們展示了他對未來中國的巍峨信念及浩蕩蓬勃的樂觀精神，這讓我深受鼓舞，並有了巨大信心。中國正處在歷史的變革中，在此進程中，父親的書撕去了當權者所有的巧飾和掩蓋，以自己親身的經歷，爲各界人們認識中國敞開了門窗。建議大家閱讀這本書。

爲未來的好中國祝福！爲關心中國命運的朋友們祝福！

2016 年 11 月 28 日

本書作者註：該文首發在《中國人權雙周刊》，第 197 期。本書對個別文字做了修改。

母親的窯洞

一向高智晟先生偉大的母親致敬（1）

窯洞　無論簡陋還是奢華
只要是母親一生的居所
她就是母親的化身　她就是母親

母親的窯洞裡有油燈
有黑暗　更多的時候是這樣
有歡聲笑語也有哭泣悲傷
有搖籃曲也有野狼嚎叫
有酒肉的香味也有臭豆腐味
炕上有大紅的棉被也有髒衫
可只要有母親在　窯洞就是天堂

窯洞裡跑出貍鼠和老兔子（2）

也跑出狐狸和雞　雄雞啼明
窯洞才能起床　雙手捧著太陽
母親的窯洞裡裝得下整個宇宙
一粒黃土裡就有萬千世界

秦始皇和溥儀在窯洞裡笑談
划拳勸飲　陳勝吳廣送上桂花酒
袁世凱和毛澤東在洞外垂涎　膜拜
盤裡剩下的白骨　貍鼠的美餐
這就是母親的窯洞
自從盤古開天女媧補
后羿抹暗了九顆太陽

母親的淚讓黃河水清
讓長江水停　讓高山低頭
母親的淚是孩子的乳汁
是老佛爺的晨飲
是萬家燈火的油

母親的乳汁澆灌了田裡的油菜
也餵飽了狼溝裡走出來的紅狐（3）
母親乾癟的胸懷　孕育了五湖四海
母親　從天上摘下星星給窯洞照明
也撈起水中的月亮

黃河之水從母親的子宮
一步千年　流進長江
沖向太平洋　母親的雙目白內障
在深藍色的海水裡看到宇宙中心
看到宇宙大爆發的一瞬
母親的眼睛裡只有藍天沒有陰霾

母親的窯洞是時光隧道
一秒繞地球七圈半　一瞬就是幾千年
一步從喜瑪拉雅到泰山
一步從青藏高原到阿爾卑士
母親的心臟跳動時就是火山呼吸
什麼時候噴發　無法預計
母親的血液流動時就是大海波浪
什麼時候沖上黃土高原　無法設想

母親在窯洞裡生下了一個國家
有時只生一個孩子　奶水將頭撐大
某個時候　母親生出了三皇五帝
更多的時候　生出地球的四分之一
不差一二個秦始皇帝

母親的大腳　巨無霸
走過萬水千山　留下愛情和怨恨
歡樂和悲傷　鮮花和毒草

母親也曾裹起了小腳

在窯洞裡寸步難行　離開洞門就迷路

這就是母親　這就是世界

怎麼描繪也不過分　只要塗料足夠

怎麼歌唱也不過分　只要五音俱全

怎麼書寫也不過分　只要是上帝的手筆（4）

母親的窯洞裡沒有跳躍

也沒有空白　窯洞一直在直白

窯洞裡偉人輩出　只要是生在

母親生前的窯洞　就可能是總統

沒有當總統的願望也不行

呵　生前的母親　盼望流浪的孩子

找到窯洞的燈火

呵　在天堂的母親　保佑失蹤的孩子

登上平安風順的路途

註：
（1）「高智晟：我的平民母親」
https://www.epochtimes.com/gb/5/3/18/n854721.htm
（2）貍鼠：中共及其黨魁；老兔子：高智晟先生自稱。
（3）紅狐，與貍鼠同一隱喻，泛指中共及其炮灰。
（4）「高智晟：歷史是上帝的手筆」
https://www.chinaaid.net/2017/08/blog-post_22.html

本書作者註：該詩歌發表在大紀元文化網「詩詞歌曲」欄目。感謝希望之聲「晨間話題」節目主持人齊玉錄製了該詩歌的朗讀。這首詩的中英文版本收錄在《思想者的隱形翅膀──漢英雙語詩歌101首》，博大出版社，ISBN：978-986-97774-9-0

陝北說書：小石板橋村

❖

人過那個留名唻雁過那個留聲

陝北出了一個唻有名的高智晟

他家住在那個唻小石板橋村

青黃不接的那一個年唻

閏會娃兒他降了生

野草秕糠唻用來填肚子

只有神唻照應俺受苦的人

一哥哥一妹子唻夭折於病瘟

閏會拉肚子唻他差點兒去見了神

他大背著他唻往那個縣醫院裡奔（1）

救命的三粒黃藥片唻一角又二分

他大說他長得細爪又細蹄蹄唻（2）

他實實地唻俺陝北讀書的人

遠志花兒唻開在那個亂石頭崖（3）

遠志的人兒唻採那根兒賣藥材

脫離苦難唻他大去了天堂

十一二歲的閏會唻他把重擔肩上扛

十歲的他唻學堂才能進

讀讀停停唻不足六那個年

十里山路唻下雨又刮那個風

六年的寒窗唻他畢業了初中

閏會娃兒唻機敏又那個聰明

天分高唻全靠頭上三尺的神靈

學堂的路斷了唻他家實實地貧窮

十七歲的娃娃唻他成了農民工

四個月伐木唻兩只手空又那個的空

半年拉煤無一文唻他生死一線中

黑心的村支書唻那個惡霸包工頭

俺受苦人的血汗唻他們咋也要榨出油

山丹丹花兒唻長在那個背窪窪（4）

受苦人兒唻不是黃芥和芝麻

無路可走唻他想當兵討飯走回家

黃陵城裡唻他饑寒交迫躺在地上發抖抖

上帝送來老石匠唻伸出溫溫的手

一道道口子張著的手唻撕那個麵麵片

兩海碗的熱湯麵唻救了閏會的命

送他車票唻再送五塊那個錢

善良的老石匠唻自己也窮得那個可憐

他哭著告訴娘唻那位可敬的恩人老石匠

他娘笑著說唻以後窮人你記住也要幫

受苦人唻救助那個受苦人

回報受苦人唻俺們的大律師高智晟

成才之路苦又苦唻還有那個長長

天落大任唻他點點滴滴記在心上

喝的黃河水唻扎的那個黃土的根

高智晟唻他實實地俺們陝北的人

娘的淚圪蛋蛋唻送他走出小石板橋村（5）

高智晟他要改變中國唻永遠記住那個根

高智晟他要改變中國唻從來不忘記那個本

陝北出了一個唻有名的高智晟

人過那個留名唻雁過那個留聲

註：

（1）大—父親。

（2）細爪細蹄—細手細腳，不像農民的粗手大腳。

（3）遠志—植物，根入藥。

（4）背窊窊—山的背陰處。

（5）淚圪蛋蛋—淚珠。

本書作者註：該詩歌發表在大紀元文化網「詩詞歌曲」欄目。

請求協尋被失蹤的人權律師高智晟

耿和

❖

　　非常感謝史密斯（Chris Smith）議員長期對高智晟的救助，同時向蘭托斯人權委員會的創始人湯姆・蘭托斯（Thomas Peter Lantos）表達敬意，感謝他畢生為維護世界人權的巨大付出。蘭托斯先生是納粹大屠殺的一位倖存者。他能逃過大屠殺，是因為瑞典駐匈牙利布達佩斯一位外交官拉烏爾・瓦倫貝格（Raoul Gustaf Wallenberg）救助了他。

　　瓦倫貝格先生拯救了數以千計的猶太人，因此他成了歷史上第二位美國榮譽公民。瓦倫貝格先生在布達佩斯堅持到了二戰結束，他沒有死在納粹手裡，卻被蘇聯紅軍抓捕帶回蘇聯。沒有法律程序，沒有審判，沒有律師探視，甚至沒有人知道他因為何事被關在哪裡。這一切，非常像中共對我丈夫高智晟先生迫害的手段，一樣發生在共產主義極權國家，用的是一樣非人性的手段。瓦倫貝格先生最終死在蘇共的監獄，沒有人知道他什麼時候死的，他的家人也沒有見過他的遺體。

我非常非常擔憂，這會不會也是被失蹤的高智晟先生的命運。快六年了，不但沒有收到中共當局的逮捕書，也沒有任何機構對綁架高智晟先生負責，沒有人見過他，也沒有人聽過他的聲音，更沒有人能夠證實他是否還活著。

2005 年，北京司法局關閉了高智晟先生的北京晟智律師所。他在 2006 年 8 月被拘捕，以「煽動顛覆國家罪」被判刑三年緩刑五年。中共當局施用多種方法試圖迫使他屈服，因此，我們的家庭生活不斷地受到當局的騷擾，2008 年孩子甚至被阻止上學。2009 年我只得帶著女兒和兒子，踏上了逃亡之路，經雲南、緬甸偷渡到泰國，然後九死一生地輾轉到了美國。至今，14 年已經過去了，我再也沒有見過我丈夫，孩子們再也沒有見過爸爸，不知道現在他在哪裡？是死還是活？

自從我們在美國避難，我的丈夫在中國不是在坐牢、被軟禁，就是被強迫失蹤。一家人被分離在地球的東西兩端。儘管在科技網絡如此發達的今天，或許難以令人相信的是，我們一家人僅有唯一的一張兒子 2 歲時的全家照。我相信很多人都有一部智能手機，裡面存有自己所愛之人的照片，不管您在哪裡，隨時都可以看到愛人、父母、孩子及其他親人的照片視頻……。這種幸福和溫馨，對我以及孩子們是一種無奈，更是一種奢望……。

我每天早晨醒來，都希望有奇蹟發生。我會習慣性地刷一刷手機，看看是否有我丈夫的消息……。我常常被一種說不出的情緒淹沒，好像肺炸開後無數大小泡泡在體內往上湧，直至肩膀……。我每天數著他失蹤的日子，2075、2076、2077、今天，今天是第 2078 天……。我只好調整自己的呼吸慢慢地能夠平靜一些，而思念和焦慮的煎熬，在一點一點地吞噬我生命的活力。

　　與我和孩子們同樣地被株連和煎熬的，還有高智晟先生的至親們。中共當局為了阻撓高智晟先生的親人們去尋找他，當地公安不僅沒收了他的親人們的身份證件，使得他們不能隨意離開居住地，還需要他們每月到當地公安局報到簽字。他的姊夫身患重病需要就診取藥時，當地公安刁難還不給身份證，造成治療困難，2016 年 5 月，他病重的姊夫跳樓自盡。而他的姊姊，因無法忍受當地公安長期的逼迫和騷擾，加上擔心弟弟的安危而憂鬱成疾，於 2020 年 5 月跳河自殺。在生命的盡頭，她沒有能見到日夜牽掛的弟弟一面。

　　儘管我和二個孩子在美國生活，有了人身安全的保障和行動自由，但孩子們的心靈上一直有揮之不去的陰影。高智晟先生的生日與女兒是同一天，2009 年以來，女兒再也無心慶祝她的生日。14 年來，高智晟先生錯過了女兒的高中畢業、大學畢業、以及她的婚禮；同時也錯過了拍去兒子身上頑皮的塵土，錯過了兒子成長的煩惱…。

　　我請求您的幫助，請通過一切可能的外交途徑找到有關高智晟先生的任何消息。

　　衷心地謝謝您！

　　耿和

　　2023 年 5 月 1 日

本書作者註：這是一封提交給美國國會議員克里斯‧史密斯（Chris Smith）先生的求助信。

Part 3
媒體文章及對高智晟的評價

先秦 佚名 《荊軻歌》

風蕭蕭兮易水寒，壯士一去兮不復返。
探虎穴兮入蛟宮，仰天呼氣兮成白虹。

英雄中的英雄

胡平，2016 年 7 月 22 日

　　澳洲齊氏文化基金會將本屆（第九屆）推動中國進步獎授予中國維權律師高智晟，我謹向現今（2016 年）仍被軟禁在陝北老家窯洞的高智晟律師致以熱誠的祝賀與崇高的敬意。

　　後六四的中國，湧現出一個英雄群體，那就是維權律師，而高智晟律師就是維權律師群體的一位領軍人物，是英雄中的英雄。

　　高智晟出身於陝北農家，自學成才，成為執業律師。多年來，高智晟律師為弱勢群體伸張正義，替窮人免費打官司，為受迫害的基督徒辯護，為政治犯和良心犯辯護。他還參與了太石村維權運動。從 2004 年起，高智晟深入調查法輪功受迫害事件，一連發表三封公開信，揭露當局殘酷鎮壓法輪功的大量事實，要求當局立即停止迫害自由信仰者的野蠻行徑。高智晟清楚地知道他這樣做可能招致重大風險，在致胡錦濤、溫家寶的公開信裡，高智晟寫道：「在這封信裡，我將不會迴避任何我知道的真實存在的問題，哪怕我這封信公開之日，就是我入獄之時。」讀到這樣的字句，不能不感到

震撼。

由於高智晟不懈地從事維權活動以及他在活動中的領軍角色，嚴酷的打擊果然如期而至。高智晟一次又一次地被綁架、被失蹤、被囚禁、被酷刑，直到被關進新疆的監獄。高智晟受到了駭人聽聞的精神折磨與肉體摧殘，三年前，一家國際人權組織悲憤地告訴世人：「高智晟在監獄中被完全摧毀。」

可是，在那不久，我們又聽到了高智晟的聲音，信念依然堅定，頭腦依然清晰——這該是何等強大的意志力。今天，更有高智晟的一部新書擺在我們面前。這本 33 萬字的《2017 年，起來中國》，是高智晟在被軟禁於陝北老家窯洞裡祕密寫成的，沒有電腦，一個字一個字用手寫，然後把稿紙一頁一頁地偷偷送出，再經過許多朋友的暗中相助，打進電腦，發到海外，幾經周折，終於印製成書。單單是這本書的寫作和出版，本身就是一段可歌可泣的傳奇。

歷史上，各種正確的原則、正義的事業，很少是單靠自身的說服力而自動獲勝的。它們必須要有「人證」，需要有人傾心相與，必要時甚至甘願為之獻身。我們承認自我保存為正當。在殘暴的高壓下，有人放棄，有人退卻，甚至有人屈服，我們可以理解，可以同情，或是可以原諒。但是我們不能不承認自我犧牲是偉大，對於那些在高壓下的不屈不撓，我們必須致以最高的敬意。

這裡，我也要向高智晟的妻子耿和女士致敬。多年來，耿和女士都是高智晟的堅強後盾。多年來，耿和女士承擔起家庭的全部重擔，冒著不測風險，帶領孩子逃離大陸，在人地兩疏的異國他鄉艱難度日，一手撫養兩個未成年的子女，真是了不起的女性，了不起的妻子，了不起的母親。

高智晟的女兒耿格，今年 23 歲了。這次她代替父親來紐約領

獎。如耿格所說，她有一個「最黑暗的青春期」。英文的 Teenager，指的是從 13 歲到 19 歲這段年齡。就在耿格 13 歲那一年，家庭遭逢巨大變故，父親被綁架，家中被搶劫，格格在學校裡飽受欺凌。接踵而來的災難遠遠超出了一個十幾歲少女的理解力。接下來，耿格隨同母親，歷經危難逃離大陸，來到美國，生活在完全陌生的環境之中，儘管有母親的關愛，有叔叔阿姨的幫助，但是有很多壓力、很多問題，卻是別人無法分擔的，是無論如何也只能由格格自己獨自面對、獨自承受的。其間種種，一言難盡。讓我們十分欣喜的是，耿格走出了她的「最黑暗的青春期」。她頑強地成長，茁壯地成長。這對於身陷困厄的高智晟是何等的安慰。在這裡，我也要把美好的祝福送給耿格，還有她的弟弟高天昱。

　　高智晟在他的新書裡寫道，他感謝多年來持續關注他的境遇的海外的媒體和朋友。高智晟說：「正是由於他們，才使得全世界的關愛、關注即正義力量，與我在困難時期的信心堅韌地連接在一起，正是他們堅韌地追尋、追問，構成了我生命安全的最後力量。」一直有人懷疑我們海外的聲援與關注是否有用是否有意義，高智晟的話無疑是對這種疑惑的最好回答，也是對我們進一步堅持下去的最好勉勵。

本書作者註：該文發表在《中國人權雙週刊》第 188 期 2016 年 7 月 22 日─8 月 4 日

為民請命的高智晟

力虹，2006 年 8 月 18 日

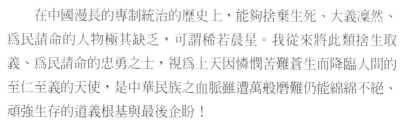

　　在中國漫長的專制統治的歷史上，能夠捨棄生死、大義凜然、為民請命的人物極其缺乏，可謂稀若晨星。我從來將此類捨生取義、為民請命的忠勇之士，視為上天因憐憫苦難蒼生而降臨人間的至仁至義的天使，是中華民族之血脈雖遭萬般磨難仍能綿綿不絕、頑強生存的道義根基與最後企盼！

　　宋代的包拯算一個。包拯，字希仁，廬州（今安徽合肥）人，嘉佑元年（1056）年 12 月，朝廷任包拯權知開封府，他於次年 3 月正式上任，至第三年 6 月離任，前後只有一年有餘。但在這短短的時間內，以廉潔著稱，執法嚴峻，不畏權貴，把號稱難治的開封府，治理得井井有條。敢於懲治權貴們的不法行為，堅決抑制開封府吏的驕橫之勢。由於包拯在開封府執法嚴明，鐵面無私，敢於碰硬，貴戚宦官也不得不有所收斂，聽到包拯的名字就感到害怕。兒童婦孺們都知道包拯之名，親切稱呼他為「包特製」。開封府廣泛流傳著這樣的話：「關節不到，有閻羅包老。」用閻羅比喻包拯

的鐵面無私。

明朝又出了一位海瑞。海瑞，字汝賢、國開，自號剛峰。海南瓊山人。嘉靖45年世宗皇帝迷信道教，講究長生之術，不理朝綱，以死上疏，條奏《直言天下第一事疏》，觸怒皇帝，被罷官入獄。世宗皇帝死，穆宗即位，恢復海瑞原職，改任兵部武庫司主事。隆慶元年調尚寶司任司丞，後升審讞平反冤獄的大理寺寺丞、南京有通政。隆慶3年升金部御史巡按應天。此期間，他黜貪墨、搏豪強、整治宿弊，使權豪勢宦斂手屏息，同時也觸怒權貴，遭到打擊，被劾去職，鬱鬱離世。

但是，這二位彪炳青史的先賢只是封建專制體制內的「大忠臣」，他們雖有弔民伐罪的一腔熱血，但他們的本意卻是為了維護他們「恩主」的江山社稷，延續封建皇權的對黎民百姓的黑暗統治。揭開披在包拯與海瑞身上的那一件「為民請命」的縷金外衣，我們看到的正是中國文人身上「忠貞諫死」的千年錮疾。

放眼世界，在印度殖民主義統治的苦海中，走出來一位偉大的甘地，他所發起的「非暴力、不合作」運動給古老的印度次大陸帶來了民族獨立與自由民主的曙光；在南非種族主義的漫長黑夜裡，走出來一位堅貞不屈的曼德拉，為了黑人的人權與自由，他甘願把牢底坐穿！17年後曼德拉重獲自由的一天，便是南非黑人獲得自由平等基本權利的開始；在斯大林極權魔爪下的波蘭與捷克，瓦文薩和哈維爾挺身而出，敢於挑戰蘇東集團的滔天淫威，不畏鎮壓、不懼坐牢，用高尚的道德勇氣和民主理想喚醒民眾，揭露罪惡，從根本上動搖了共產極權對波蘭、捷克乃至整個東歐的法西斯統治，推動了人類歷史上最值得稱頌的東歐自由化、民主化潮流，給波蘭和捷克人民帶來了光明與福祉！

當代中國也已到了誕生甘地、曼德拉、瓦文薩和哈維爾的時候了！對於一百多年來在黑暗中苦苦求索、無數次倒在反動專制機器鎮壓下的中華民族來說，對於半個世紀以來爲堅持眞理而奮不顧身、前仆後繼的仁人志士、信仰人士、異議人士、維權人士、民間知識分子和體制內的正義人士來說，對於慘遭殺戮的 8 千萬亡靈和千千萬萬正在忍受無比煎熬的苦難同胞來說，高智晟出現的意義和重要性，怎麼估計都不爲過。並且，高智晟作爲中國當代苦難的象徵與良知的代表，他的出現，可以讓以美國爲主導的西方民主國家看到、找到一位極具正義號召力、人格感召力的標誌性人物。中國人民同仇敵愾、萬眾一心力拼自由民主前途的偉大鬥爭，也終於迎來了自己的旗手和領袖！

高智晟先生已經清醒地認識到了這一時代賦予他的歷史使命。前不久，他身體力行前往山東臨沂，聲援被當局非法關押的盲人維權者陳光誠，受到暴力毆打。他說，作爲這個時代的一名普通中國人，我已經歷了太多的血腥和暴虐。中共的野蠻專制統治在過去幾十年裡，在這片多災多難的土地上持續製造出今天人類永遠無法歷數清楚的血腥和罪孽。雖然作爲具體的個體，我本人及我的親人，同樣遭遇過了在不同階段的、以不同形式加諸在我們頭上的屈辱，但這次的山東之行所親眼目睹親身經歷的中共統治的邪惡及純粹的流氓暴行時，在我的內心仍產生了前所未有過的哀痛和震撼。

因此，高智晟作出了深刻而清醒的分析：今天的中國又到了一個至爲關鍵的歷史階段。我們正以我們的理性和堅韌，以承受苦難的勇氣，向壓迫和非正義的反動統治者持續表達著我們的鄙視、不合作及從壓迫和非正義和平過渡到自由、民主和公義的全新社會的決心！今天的中共，仍極端敵視中國人民對自由、民主、法治和憲

政這些人類社會普世文明價值的和平追求行動。仍公開以一切邪惡和卑劣的手段，維持、且欲永久性的維持著今天這種反人類的高壓統治。由於最近幾年來，中共反動統治集團在各地的大大小小的利益集團罔顧人類文明的基本共識，以維護其「穩定」黨權和「穩定」掠奪人民財產的秩序為核心，公開的、不斷的製造著驚駭人世的暴行。六四屠殺 17 年之後的今天，中共反動勢力對其驚駭天地的血腥暴行不僅無絲毫的反思，反而更加的肆無忌憚！這次的山東臨沂之行，我們再次真切的看到及切身感受到了中共反動勢力人性的頑劣、無恥和他們在這個社會裡完全的無法無天。

綜觀今日的中國社會，已形成了兩大博弈陣營：以中共內部維持極權專制統治為核心目的的反動勢力陣營，和已徹底認清了中共的邪惡本質、不再相信中共反動勢力，內心不再存有絲毫恐懼，且願為徹底擺脫這個古老民族苦難而捨棄一切眼前利益的一部分中國人。這一批人士由他們長期的承受苦難的共同經歷，和對人類普世價值的堅持與捍衛，已形成今天的堅不可摧的中國人民維權抗暴運動陣營。根據當下雙方持續搏弈已形成了的總體態勢，國內維權運動已到了一個必須清醒認識和現實的面對的時候了。

面對這樣的局勢，高智晟告誡人們，維權抗暴運動若不明確我們的核心目標，仍繼續不願正面、公開表達自己的堅定，不僅將是中國人民維權抗暴運動歷史性價值的嚴重缺損，今天被視作是國內維權運動領軍式人物的一大批中國人，將來是承擔不起這樣的有涉整個國家、民族命運責任的。未來的歷史不僅僅是會回過頭來責怪我們，今天的歷史更會無情的懲罰和拋棄我們。

高智晟說，中國維權運動此前明確的目標是爭權利。這種訴求在它的初始階段是有足夠的存在理由的，但中共內部的那些反文明

勢力近年來，尤以最近一段時間以來，他們以持續的、堅定的邪惡及卑劣手段表明著他們的清晰立場，那就是：想通過文明、理性和平的法律手段來達到維護權利的目的是此路不通。

高智晟已明確提出了推進維權運動目標的兩個途徑，即：非暴力化、街頭運動化。他說，中國的維權運動至今天，確實應當適時準確地研判形勢，拋棄一切與維權抗暴價值無關的私利、雜念及技術和方法的無謂爭執，肩負起時代迫使我們這批人繼續擔負的歷史使命，堅定的投身到力促歷史性的擺脫民族災難命運、完成國家和平轉型的行動中來。聯合體制內一切文明良心人士，聯合法輪功修煉群體，聯合中國家庭教會和一切宗教信仰團體及個體，聯合海外民運組織或人士，聯合工人、農民、下崗職工和上訪群體，明確的朝著結束專制暴政，在中國歷史性的創建自由、民主、法制和憲政制度的方向邁進。

為實現這樣的目標，高智晟指出，中國維權運動就不能再迴避「政治化」、「組織化」和戰略性策略，即：非暴力化、政治化、組織化和街頭化。政治化，即是徹底的解決公共權力的為民所授、為民所用、為民督監。改變中國幾千年一貫的以權制民的非正常狀況，使權力徹底的為民願所制的文明政治在中國建立。街頭化，沂南 7.20 事件模式是一個預演。關於組織化，是專指傳導、動員社會及社會運動朝著既定目標流轉的技術性的、鬆散的、且功能性極強的起傳導作用的環節和手段體系，類似今年的絕食維權抗暴運動所表現出的廣泛的、迅速的動員和疏導機制，其最大的特點是廣泛性和快捷性。

現在離高智晟被中共祕密警察非法綁架已整整三天了，海內外的抗議、譴責和聲援的正義之聲已如太平洋上的熱帶風暴，席捲全

球！在高律師前幾次遭到便衣的恐嚇威脅時，曾對記者表示：「從抓捕我的那一天開始，就是我無限期絕食的開始。中共絕不會從我的嘴裡問出一個字來。想讓我開口，除非立即釋放所有被非法勞教的中國公民！」他說：「我們是和整個人類史上最為邪惡的團體打交道，這個沒有人性的團體在最後必定會使用最絕望的方式。在前行的路上，我們要有流血和失去生命的準備。」偉哉丈夫，壯哉此言！他顯然已作好了為帶領中國人民掙脫苦難而捨身取義的思想準備。

為民請命的高智晟，全中國和國際社會分分秒秒關注著你的安危。在這樣一個天地震怒、群情激昂的時刻，讓我們重溫高先生的身體力行、警策之言和醒世之見，依照他所指出的維權運動的目標與方向，腳踏實地、盡心盡責地去做好每個人應該做的工作，以微小的積累，一點一滴地推進中國自由化、民主化的歷史性轉型──直到高智晟凱旋出獄的那一天，直到中國人民徹底結束共產極權黑暗統治、迎來民主新中國在千年神州大地呱呱墜地的那一天！

2006.8.18.初稿，22.修訂，寧波

──轉自《自由聖火》

本書作者註：力虹 ，本名張建紅（1958 年 3 月 6 日─2010 年 12 月 31 日），浙江寧波人，著名詩人、作家及維權人士，曾獲 2008 年民主獎、美國筆會及澳洲墨爾本筆會榮譽成員。該文於 2006 年 9 月 1 日轉登在大紀元評論「專欄文集」欄目。本書對個別地方的文字做了修改。

我們敬重的好律師——高智晟

原廣州小谷圍藝術村業主，2005 年 12 月 4 日

　　當我們獲悉高智晟律師的事務所被停業，而且失去執業權利時，我們曾經被傷害的心又一次被深深地刺痛。一個俠肝義膽，勇敢維護法律尊嚴而又忘我仁愛的律師，僅僅因為兩條不成理由的理由，就要被吊銷執業資格，這背後的原因不言而喻。因而也使人心寒、心痛、失望。

　　認識高律師是一次偶然的機會。兩年前，當我們這群南國的知識分子正面臨著一場空前的浩劫——經過十年精心設計，建築而成的藝術村，一個擁有合法手續，剛剛拿到有 70 年土地使用權房產證的藝術村就要被拆除。我們正求助無門的時候，通過「鳳凰衛視」，看見了正被主持人曾子墨採訪的高智晟。談論的正是我們面臨的困境——城市拆遷問題。我們被高律師豐富的法律知識，言談中透露出來的維護憲法、法律尊嚴，維護公民合法權益的正義之聲感動了。大家都不約而同地期望著，如果能找到這樣的人當我們維權的代理律師就好了！終於經過幾經周折，我們與高律師聯繫上

了。在與他的接觸中，他的專業知識、口才、正義、真誠、品格，贏得了大家的信任。很快，他成了我們幾十位業主的代理律師。

剛一代理我們的案子，高律師馬上全身心投入。首先給全體委託人寫了〈有涉業主關注問題的書面釋疑〉，幫助業主分析案情，建立信心；又給委託人所在單位寫了〈對小谷圍島別墅業主依法維權情況的通報〉。指出「業主們的追求與黨和國家追求依法治國的目標是一致的，這些理性行為是理應得到國家及法律的鼓勵和認可的，當然亦應得到貴單位及一切對中國社會規則文明抱有熱情及信心的全社會的支持。」

接著，他作為小谷圍藝術村業主的代理律師，先後向廣東省政府、國土資源部和監察部遞交三份緊急請求函。先要求廣東省政府履行憲法以及保護公民合法權益的法定職責。沒有回復。繼而請求國土資源部和監察部對廣東省政府違法開發土地、強拆公民房屋的問題進行查處。但這三家共同的反應是：不接材料；或經過抗爭接了材料但不出示任何收到材料的證明；最後雖收到材料卻不予任何回復。面對這種情況，高律師將他們的違法行為起訴到法院，他為此兩次向廣州中級法院遞交訴狀，中級法院堅決不接材料。高律師不斷提醒他們，這在法律規定方面是絕對不允許的，你們是在剝奪我的委託人在程序上的權利。但始終沒有說服他們。之後，他又依法找到廣東省高級法院，照樣不受理。

高律師以憲法、法律為武器保護藝術村業主權益的努力走到山窮水盡的時候，他又給廣東省政府寫了封公開信。提醒政府，一個社會的穩定，需要包括政府在內的所有成員尊重憲法和基本法律；要對人類文明有起碼的敬畏。他指出，我給你們寫信，還是建立在我相信你們對人類文明有起碼的尊重或者說顧忌，當你對人類文

明、人類的基本價值判斷都沒有了任何顧忌的時候，我這封信肯定是沒有任何意義的，這對社會而言，是一種現實的危險。

高律師在寫了這封公開信後，招至了廣東地方政府的忌恨。以廣州市國土局的名義，向北京的多個部門投送對高律師的誣蔑文件。面對來自政府的威逼利誘，他正氣凜然，不為所動。他熟悉中國法律，他相信在國家提倡「依法治國」、「以人為本」的今天，堅定地捍衛公民的法律利益，捍衛國家的法律利益，與一切違法行為作鬥爭，是天經地義，不容置疑的。接著，又代表業主給溫家寶總理寫了一封公開信，請求國家總理出面制止這種文明社會的不文明現象。隨後，高律師又為業主寫了給全國僑聯的信，給全國人大的信，給胡錦濤主席的信……。

不知是因為全國各地拆遷矛盾突出，社會各界的反應強烈，還是我們多次寫給中央各部門的求救信起了作用。2004 年 6 月 6 日，國務院辦公廳發出了〈關於控制城鎮房屋拆遷規模嚴格拆遷管理的通知〉（國辦發 [2004]46 號）。通知強調「凡拆遷矛盾和糾紛比較集中的地區……一律停止拆遷……」，其中還有許多有關拆遷的詳細嚴格規定。我們似乎看到了一線希望。但地方當局不把它當回事。逼遷人對業主聲稱「國務院 46 號文不適用廣州大學城，因為這是國務院批准的項目……。」

更加肆無忌憚的非人道的逼遷「工作」鋪天蓋地而至。地方政府出動了包括公、檢、法、工商、稅務、紀檢、監察、城管等部門。藝術村被斷水、斷電、拆圍城、撤走保安，多戶被「盜」，業主被恐嚇、被非法審查。藝術村最血雨腥風的時刻已經來臨。

在最後階段，廣州市準備採取強硬手段，兩次約見高律師。兩次都是他單人赴會，一人面對著六七位律師和一群各級官員。

　　第一次見面是 2004 年 6 月 16 日。在這次見面會上，對方的律師和官員大談拆藝術村的合法性。其中，姓楊的拆遷辦主任大談了 4 個理由：第一點是為了建大學城，大學城是公共利益。第二點，藝術村的建設違反了廣東省 1991 年建私房的規定……。第三點，藝術村中的國家幹部違反了 1992 年廣東省有關對幹部住房面積要求的規定（25 平方米）……。第四點，藝術村的某些人已享受了房改房，不應再來這裡建房。這時高律師打斷了楊的發言。高律師說：「楊主任，你所談的四條中，如果說第一點在對公共利益認識的問題上，有些模糊地帶的話，可先不說它的對錯。那麼後三條理由都是錯誤的。你們拆遷的理由是什麼？先是說為了建大學城，為了公共利益。這一條理由不充足後，又找出後三條理由，這後三條理由是行政處罰。到底是因建大學城要拆呢？還是他們違規要拆？如果說違規，那麼規則有守門人。衡量房屋的合法性的唯一標準是房地產權證。政府作為守門人，已核發了房地產權證，如果違規的話，錯在政府而不在他們。楊主任，今後不要再有這種說法，這是極不智慧，自相矛盾，給政府臉上抹黑的話！」楊楞了一下，說「這個問題我沒想到」。高律師說：「你沒想到，但你身邊的這些律師應該想到」。這時對方某位律師發言：「高律師，難道這些法律，這些條例不是現正在執行的，有效的法律條文嗎？」（指國務院和省的條例、法規）。高律師回應：「你六位專家應該知道《憲法》第五條規定，一切與憲法、法律抵觸的行政法規都是無效的……。《立法法》第八條明確規定，凡有涉公民基本民事權利、財產權利的調整，只能是基本法律。而《憲法》第六十二條明確規定，基本法律的制定主體隻能是全國人民代表大會。我作為這麼多公民的代理律師，中國的所有法律都應能為我所用。你們承認不承

認，上位法的法律效力大於下位法和法規條例。執行一個與基本法律相抵觸的條例，怎麼能說是合法的呢？！」高律師義正詞嚴，駁得對方無言以對。對方律師甚至表示，如果撇開具體事件不談，他們認同高律師的觀點。

第二次見面在 7 月 7 日。一方是拆遷補償仲裁人、價格評估事務所、廣州市國土局和拆遷人。另一方就是高律師。他們試圖說服高律師配合他們的強拆。談話中，高律師當場指出：「仲裁人與估價人有法律界定的中介地位，怎麼能和拆遷人坐在一起，作爲共同的一方？你們完全可以在我和我的當事人不在場的時候，背後營營苟苟，誰都拿你們沒辦法。但最起碼你們形式上的面子還是要顧忌的。公開赤裸裸的在我的面前表達共同的強拆願望，這種對話能有什麼實質意義？對被拆遷人更無任何公正可言」。談話不歡而散。

7 月 9 日上午 9 時，政府動用了 300 名全副武裝的人，不出示任何證件，對臨江宛 4 號實施「強拆」。公開破門而入，搬走屋內全部物件，傾刻間，一棟私人合法的別墅被夷爲平地。業主報警，110 也不來查看。

在這一天，高律師義憤填膺，又爲業主寫了一封《廣州藝術村正在經歷逼遷災難的公民再致溫家寶總理的公開信》。陳述了業主們在不到兩個月的時間裡，第二次向總理求助的原因，指出地方政府的暴行，而這種暴行將「徹底把國家的法治精神和憲法踐踏到體無完膚的局面」。這時，許多業主已對政府，對法律，失去了信心。

2004 年，高律師與小谷圍藝術村的業主們一道，共同經歷了一場心靈上、精神上、物質上的浩劫。在這一年裡，高律師沒有新接一宗案件，用他的話說，我的損失不在你們之下。在這段時間

裡，高律師爲小谷圍藝術村案寫了包括各種訴狀、請求函、信件、文章共近 30 萬字。我們不知道普通辦一個案是否需要這麼多文字，但我們知道，30 萬字已可編成一本相當份量的論文集。高律師所寫的這些文章，以憲法和法律爲依據，擺事實，講道理，字字句句鏗鏘有力，對違法行爲的批判，深刻、辛辣，毫不留情。而對受逼害者，卻表現出極大的同情與關愛，如今讀來，依然催人淚下。他爲小谷圍藝術村案所寫下的這些文字，足以展現出一個律師爲伸張正義、不畏強權的良知和勇氣。也使人感到，當法律不起作用的時候，一個律師的憤慨與無奈。這是律師的悲哀，也是公民與國家的悲哀。

在這段時間裡，高律師爲我們聯繫了數十家包括電視、報紙、雜誌在內的各種媒體，對藝術村事件進行報導。在北京向各界專家、學者呼籲，關注藝術村的事件，甚至組織了研討會。作爲藝術村案的代理律師，高律師可謂盡心盡力，嘔心瀝血。

廣州的小谷圍藝術村藏龍臥虎，各方面人才濟濟，而且大多數業主都比高律師年長，但大家被高律師的學識、才幹、勇氣、正義、人格所折服。大家認爲，我們找對了律師，從高律師身上，看到了中國的希望。儘管政府的拆遷辦人員在業主中散布抵毀高律師的言論，說「北京來的高律師只不過爲了騙錢而已」。但大家很清楚他的爲人，剛開始委託高律師時只有 46 戶，到後來，已有超過一半的業主委託高律師，參加到維權的行列。

在與高律師一起戰鬥的日子裡，他的工作效率、敬業精神和高尚的人格更是有口皆碑。我們都知道，軍人出身的高律師不尚熬夜。但爲了案件，他可連續幾夜與業主開會到凌晨；他可通宵達旦寫文章。最典型的一次是我們臨時通知他參加一個聽證會，他上午

在北京出庭，下午乘飛機到廣州，晚上通宵寫了九千多字的長文〈小谷圍藝術村強拆聽證程序代理意見〉。第二天他8時半准時出席聽證會。雖然後來這篇論點明確，論據充足的長文沒有機會在聽證會上宣讀，但文章所表達的法律精神，連同高律師認真負責、忘我工作的態度，將長留在藝術村人的心中，將載入藝術村被拆遷案的歷史。

高律師在辦案過程中，要經常往返北京與廣州。開始我們安排住賓館。第二次他就提出來，不必住得太高級，能安全、乾淨、可工作就行。後來就基本住在招待所。能一人辦的事，他就不帶助手來，怕增加我們的費用。他從不讓我們為他報銷航空的保險費。雖然我們這些委託人，在當今中國不算窮人，但他處處為我們著想，決不多花委託人的錢。

為了案件，他得罪了廣東省、廣州市政府，多次傳說，如果高智晟來廣州，就會被抓。我們為了他的安全，勸他暫時不要來，他總是回答，只要案情需要，你們需要，我馬上到。他全然不顧自己的安危。我們這些經過「文革」的業主，對於那時的「紅色」恐怖，依然心有餘悸。儘管我們是在依法維權，本應理直氣壯，但聽說我們的手機都被竊聽，每次與律師見面，大家都將手機的電池抽出來。這時，高律師總要安慰我們，時代不同了，要看到社會還是在不斷進步，我們的行為是合理合法的，我們沒什麼可懼怕的。從他身上，我們獲得信心，我們體會到什麼是正氣凜然，什麼是無私無畏。

近兩年來，我們與高律師從相識到相知，他始終以中國憲法和現行法律為武器，以一種理性的、維護法律尊嚴的精神指導著我們用和平的手段與違法行為作鬥爭。許多業主，在這種法律精神的鼓

舞下，抗爭到了最後。

　　高律師已盡了自己最大的努力。但在強權面前，廣州小谷圍藝術村終究無法保住。一個飲譽中外，被稱為當代建築藝術博物館的藝術村消失了，這是中國文明史的污點，是當今中國執政者的恥辱！高律師在〈山窮水盡小谷圍〉一文中感嘆道：「作為一個律師，我們的力量來源於國家對公平和正義目標的追求。當國家追求公平和正義目標的時候，或者至少它能包容人們追求這種目標的時候，律師才有力量；當律師在追求這種目標過程中，國家成為他的主要鬥爭目標的時候，律師的出路在哪裡？」

　　高律師是我們尊敬的好律師，是中國律師的楷模。縱觀他的全部歷史，他所辦的案件，哪一件不是在維護社會的公平、正義？哪一件不是在捍衛國家憲法與法律的尊嚴？我們常常在議論，像高律師這樣的人，在中國太少了！國家如果真的要建立法治社會，應該重用高智晟這樣的律師。但事實卻相反，在他一次又一次向國家領導人反映存在的違反憲法、違反法律與人道的現象時，他自己卻受到了整肅，受到了不人道的對待。他曾在一篇文章中寫道：「政府不是我天然的敵人，我們批判的永遠是政府違反中國法律的行為和侵犯公民基本權利的行為，而不是政府的一切行為。我們的困惑是，我們的追求對這個國家百利而無一害，為什麼有人要阻止呢？為什麼替這個國家命運思考的人往往都要成為受害人呢？」

　　高智晟律師的困惑也是我們成千上萬普通公民的困惑。一個社會，如果連主持正義、公道的聲音都要受到控制、受到逼害，又何來公道正義？中國容不下一個講真話的律師！好律師的出路在哪裡？公民的合法權益在哪裡？！小谷圍藝術村的案子並未結束，我們許多業主房屋被強拆如今分文未得，我們還期盼著高律師為我們

討回公道！

　　原廣州小谷圍藝術村業主

　　2005 年 12 月 4 日

本書作者註：該文發表於大紀元網聞「讀者投書」欄目。本書對個別地方的文字做了修改。

專訪耿和：
與高智晟心在一起，一路走來

──《2017年，起來中國》面世

自由亞洲電台 張敏，2016年6月25日

高智晟律師的女兒耿格參加港台兩地新書發表會，耿格到港次日母親耿和接受我專訪

2016年6月，中國維權律師高智晟在被非法監禁於陝北窯洞中完成的新作《2017年，起來中國》一書在台灣出版。新書發布活動於香港和台灣兩地先後舉行，高智晟律師的女兒耿格參加了新書發表活動。

在耿格到達香港以後的第二天，我採訪了現在在美國的高智晟律師的太太耿和。以下請聽訪談錄音。

「耿和：女兒觸景生情簡簡單單一句話，融入了我們全家許許多多辛酸和淚水」

張敏：「能不能請您先談談女兒去參加新書發布會，您現在的心情？」

耿和：「一直都比較擔心格格是不是能夠安全進入香港，所以有關香港新聞發布會這個消息就一直都沒有公開。

昨天凌晨 3:00 時女兒給我來個消息，說『我到香港了，這是七年來離爸爸最近的一次』。（哽咽）也讓我感覺到，其實女兒每天這麼忙碌的學習、生活，心裡還是一直沒有忘記她爸爸這些事。確實，女兒的這種深情，觸景生情的這簡簡單單一句話，可能對許多人的家庭來說很普通，我覺得這一句話融入了我們全家許許多多的辛酸和淚（哽咽）。

其實我不想哭，我也不想有委屈，我覺得這也不是委屈。」

「耿和：每拿起書稿，像浮現 3D 立體電影，高智晟血淋淋身體在眼前，一次次看不下去」

張敏：「耿和，你有沒有讀到現在這本書的初稿，你在讀的時候是什麼心情？」

耿和：「其實，我沒有勇氣仔細看完這本書。我只是粗略地花了很長的時間，到現在才看完。我覺得每當我拿起這本書稿看時，眼前就能浮現出像 3D 的立體電影似的，高智晟血淋淋的身體在我眼前。我總是放下，再拿起來，放下……直到現在才看完。

這裡面描寫了許多對他的迫害，佔了這本書大量篇幅，非常具

體，能感受到他心裡面的那種⋯⋯他真感覺到實在是沒有辦法，就在死亡邊緣掙扎的那種感覺。」

張敏：「你能舉一、兩個具體例子嗎？印象特別深的那些細節？」

耿和：「我舉不出來了，張敏，因為每一節都是非常具體。這次的一個酷刑，整整的一個完整描述全過程；下面又是一個全部描寫的過程⋯⋯我一看時，看上兩句就趕緊合上，不看了。下次有時間，趕緊翻到中間，又進入下一段，一直到我看不下去⋯⋯」

張敏：「聽上去你到現在也沒有做到一字一行的都看過一遍？」

耿和：「沒有，沒有，這事我一直沒有辦法⋯⋯」

「耿和：把更多精力放在孩子身上轉移不想高智晟的事，兒子夢見爸爸說拉住我們的手」

張敏：「大家都知道高律師有幾度完全沒有消息。耿和，當自己的親人完全沒有消息時，那是一種什麼樣的心情？你自己和家人是什麼狀態？」

耿和：「其實我主要是把更多精力放在孩子身上來轉移⋯⋯不要過多的去想高智晟這個事。每當孩子們一睡覺時，我的思維就活躍起來了。整個一晚上，就覺得我突然有時間考慮高智晟的事了。我總覺得他需要我們的幫助，總覺得⋯⋯我們家兒子有一次說『媽媽我晚上夢到爸爸了，爸爸老說拉住我們的手，拉住我們的手』。我總覺得我要多為他發出聲音，我就是這種感覺。」

「耿和：高智晟是個很認真負責任的人」

張敏：「耿和，你回想跟高律師相識，最早是在軍旅中認識，後來你們建立了戀愛關係，當時是有哪幾點讓你覺得你能夠把終身託付給他，當時你看到的是什麼？」

耿和：「我就覺得他是個很認真負責任的人。因為那時我們在部隊是不允許男女兵有聯繫的，哪怕是一個簡單的講話呀，幹什麼，都會影響我們在那兒的發展。

有一次……我分到了老連隊，需要他來為我們辦伙食關係。我說『你為什麼不到我們這個老連隊來看我們？』因為我們是有許多的女兵都下到了一個老連隊。他就跟我說『偶爾次數的遞增，就會產生必然的結果。』其實我過了好長時間才能理解，就是說『如果我到你那兒去一次，我再去一次，時間長了』實際上會對我『有一種不好的影響』。這句話對我印象特別深，我覺得這句話是非常認真負責的。」

「耿和：父母以斷絕關係阻止婚事。高智晟確實是個好人，什麼是我要的，我不能放」

張敏：「後來你的家人並不同意你們的婚姻，當時你為什麼執意『我就是要嫁給這個人』，付出了什麼代價？局面是怎麼樣？」

耿和：「其實那就等於是被迫離開家了。我們家父母不同意，說『如果你要一意孤行的跟他，就斷絕母子關係、父子關係』。」

張敏：「家人為什麼這麼堅決的不同意？」

耿和：「因為他那時在喀什，我在烏魯木齊，就是說，地域之

間有這麼大的（距離）兩地分居，是存在戶口制的，完成不了住在一起的狀態。我們這兒是個大城市，他那兒是個小城市，一旦如果要想結合，這兩地分居大概有 3 千里路，那時候完成不了。要不然我過去，要不然他過來。我過去，到那兒找不到工作；他過來，戶口不在這裡，也找不到工作。」

張敏：「當時高智晟在做什麼？」

耿和：「他在一個企業裡當負責人。因為我復員回到我的家鄉，他復員留在部隊當地。他想過來看我，能離我近一些，他就開始（在烏魯木齊）嘗試去賣菜，這種沒有什麼成本，簡單嘛，也沒有什麼大的投資。是這樣。」

張敏：「後來是在什麼狀況下結婚？」

耿和：「其實那時候他賣菜……完後我的心裡邊也很沉重。我們家這麼反對，我該怎麼辦？最後我就覺得，他確實是個好人，什麼是我要的，我不能放棄。我的良心也不允許我就是因為他過不來……這個我做不到。」

「耿和：從結婚，到高智晟在新疆做律師，再到北京」

耿和：「但是我又害怕他不踏實，我說『那這樣吧，咱們就領個結婚證，你就放放心心的再回去吧，咱們往後再看看怎麼辦調動的事。那時候就領了結婚證，他就回去了。」

張敏：「這是哪年的事？」

耿和：「1990 年 8 月。」

張敏：「你們在軍隊的時間是哪一段？」

耿和：「在軍隊是 1986 年到 1989 年這期間。」

張敏：「結婚之後，後來到高律師成為律師，然後你們到北京是什麼時候呢？」

耿和：「高智晟是 1999 年去的（北京），我們（我和孩子）是 2000 年去的。」

張敏：「高律師考試拿到律師證是什麼時候？」

耿和：「應該是 1995 年、1996 年。」

張敏：「他在新疆當地也當過一段時間律師是嗎？」

耿和：「對。在我們新疆當律師還挺好的。」

「耿和：養尊處優不為生活發愁、對高智晟放心的我與內心不特別快樂的高智晟」

張敏：「作律師，一般來說大家都覺得這個行業是個收入不錯的行業。後來高律師因為涉及到一些敏感案子，並且越來越受到各種打壓，在這個關鍵的轉折點上，你怎麼理解他這個選擇？」

耿和：「我就覺得，要隨著他的心去做吧，要隨著他的心去理解他。

我記得高智晟當律師時收入是不低，不會為生活去發愁。我們家能請得起保姆，有人幫我照顧孩子，有人幫我做飯。我可以一輩子不用工作，我真就是到了這種養尊處優的……這種過退休的日子。

但是我看到高智晟他不是特別快樂。記得有一次他接了個案子，在辦公室，當事人交的是零錢，就是很厚（一疊的）代理費，因為在我們那兒交律師代理費一交全是上百，全是一百一百的，沒有那種零票子的。這個人交的就有部分零票子，高智晟就在會計那

171

邊說，他的收入越多，他說「我的心裡面是不快樂的，因為這都是當事人的血汗。當事人本身已經有事了，出事了，當事人還要再交錢」，他說「我的心裡是非常的沉重」。

我有一種感覺就是，他要是一想花錢的時候，他腦海裡就老浮想起來當事人案子的情景。所以高智晟身上是不裝一分錢的，高智晟沒有銀行卡，也沒有信用卡，一旦要出差幹什麼，都是他的助手到我這兒來借差旅費，回來報銷。高智晟是不動錢的，這我覺得也是挺難得的，這也就讓我比較放心（笑），一分錢不動的男人，一分錢不拿的人。」

「耿和：我認為高智晟是個好人，我就要跟他站在一起，我們就一直這麼走」

張敏：「後來涉及到法輪功，而法輪功又是很敏感的，打壓越來越厲害，在你們之間有沒有什麼對話，比方你有沒有擔心啦？或者高律師對於這個危險他自己有沒有思想準備？為敏感的案件辯護，包括基督徒的維權案、陝北油田案……後來高律師又寫了（三封）致中國最高領導人的公開信，要求停止迫害法輪功修煉者……這個家庭在這個節骨眼上，當時是一種什麼狀態？」

耿和：「我不管，我認為高智晟他是個好人，我就要跟他站在一起，就跟我父母不同意我們的婚姻，我認為他是好人，我寧願跟我父母斷絕關係也要跟高智晟站在一起。」

張敏：「從那個時候，到後來一步一步走到今天，你看高智晟是走過什麼樣的路？」

耿和：「我覺得他是一個好丈夫，是一個好父親。我覺得就衝

這一點，我就跟他走在了一起，我們就一直這麼走。」

「耿和：我看，高智晟沒有專門為哪個群體發聲，對受迫害案子的接待和對待是一樣的」

耿和：「但是他作律師後，轉入做維權這件事時，我知道的不多。他知道我是個謹小慎微的人，就不願意把一些事跟我講。所以我有許多事情都是在外面了解的。

高智晟幫助了許許多多需要幫助的人，包括法輪功，就是因為法輪功這個群體受的迫害太重了，高智晟去說了。在高智晟這裡，他沒有專門去為哪個群體說，主要是有哪個迫害案子到了他這兒，他都去說。我想，也許是法輪功迫害案太厲害了，他們的聲音擁抱高智晟的聲音大了。看著感覺是為了法輪功，不是的，在這之前，高智晟首先為蔡卓華這個案子辯護，打得非常精彩，光代理書就寫幾十頁。所以在我這兒看，高智晟是沒有偏差的，他對受迫害案子的這種接待和對待是一樣的。」

「耿和與記者：關於窗簾的共同記憶」

張敏：「當時國保就開始盯高律師，然後盯著你們整個這個家，而且人數是越來越多。在發生這種變化時，你當時是怎樣的感受？」

耿和：「其實我在家，我的性格……我還是很緊張、很害怕，我也很敏感、很膽小。我覺得我是一個非常好的市民吧，我可以肯定我永遠都不會跟警察打交道的。沒想到那個日子裡，每天都是那

些人圍著我的時候，真是讓我很恐懼的。

我記得有時候晚上我就會拉開窗簾，看看他們那些人在幹什麼呢，然後我會給高智晟講。

高智晟就說『你看他們幹什麼？你為什麼要給他們臉子？』

我就要調整過來，我就覺得『我要鍛煉我自己，讓我強大起來，我要幫助到我的先生……』我真是這種過程。

也非常感謝你們陪著我走過來，也是在你們一次一次採訪中，陪著我、給我這個機會，讓我鍛煉。張敏，我真是這麼感覺的。（哽咽）」

張敏：「耿和，咱們第一次通話，就是你在窗簾的背後，跟我敘述你所看到的樓下發生了什麼……這就是我的第一個印象。」

耿和：「對。我就老是在家心神不寧，老想往外面看看，有什麼情況。總覺得『哎呀，萬一有什麼事情好保護著他，怎麼把他安全的藏起來，我就給他找個安全的通道呀』……這樣子的。」

「耿和：孩子因不能上學自殘，我帶著兩個孩子進入從未經歷過和不確定的危險逃亡」

張敏：「家裡的處境和氣氛變成這樣，孩子們身上發生過什麼變化？」

耿和：「在孩子身上……主要就是不讓孩子上學。真正到了開學時，孩子在家裡，情緒就非常的糟糕。然後就出現了幾次自殘（是指她的女兒耿格──亦言註），這才引起我們的重視。我們感覺到，高智晟這個事對孩子造成的後果出現了。以前就是每天有這麼多事兒的往前趕，沒有時間顧及到這些。」

張敏：「後來在朋友的幫助下逃離了中國，然後在美國獲得了政治庇護……」

耿和：「這 7 年多了，我總是揮之不去 2009 年 1 月 9 日在北京跟高智晟的離別……哎呀！就是為了孩子，為了孩子能有學上，帶著兩個孩子進入了一種從沒有經歷過的和不確定的危險中，就是逃亡之路。」

張敏：「也許直到今天，這個具體的情況還不方便披露？你覺得呢？」

耿和：「對。」

「耿和：高智晟幾度被失蹤，最長二十多個月生死不明，每一天對於我們來說都很長」

張敏：「孩子在美國都落腳上學，後來你和高律師最長時間失去聯繫，全然不知道他是死是活，最長的一段時間是多長？」

耿和：「最長時間我記得有 22 個月吧，還是 20 個月。」

張敏：「在兩段時間沒有下落之間，曾經有過一個短暫的通話，你現在能記得都說了些什麼嗎？」

耿和：「光記得短暫的通了兩句話……（當時）馬上就 4 月 17 日了，我們家女兒說『媽媽我要把心理醫生停了』。

我說『為啥呢？』因為女兒那時不到 18 歲，心理醫生停不停必須經過我同意。我說『為什麼呀？』她說『我現在能跟我爸爸通電話了，我爸爸能幫助我。現在我沒病，我好了』。

我就跟著女兒去心理醫生那兒，講『她爸爸能給她打電話，她心情好了，沒問題了，我們把這個心理醫生要停止』。

緊接著，一回去我就給高智晟打電話。因為高智晟生日是4月20日，一般就是女兒生日一過，緊接著就操心高智晟的生日。一打電話就打不通了，緊接著就是失蹤了。這個時間的後面，是更長的有二十多個月沒有消息。」

張敏：「全然下落不明，二十多個月沒有消息……」

耿和：「唉呀！反正高智晟一旦失蹤了，不管是二十天和一天，對我們來說都很長、都很長！張敏，那種酷刑……你說，想把你置於死地，也許一分鐘就要了你的命呀，對我們來說都很長。」

「耿和：對父親的愧疚──父親從奔走在不同太平間認屍，到癱在地上最後被送進醫院」

耿和：「在高智晟被失蹤迫害的這段時間，我想說，其實我印象最深的還是2009年，就是高智晟在新疆失蹤的那次。這次讓我印象很深、覺得對家裡人……對我的老父親，我很愧疚。

在高智晟失蹤時，我父親一直奔走在不同的太平間，去認屍體。那種細節，看到屍體以後先看身高和胖瘦，一看不是高智晟時，當時心裡還挺高興的，說『哎呀，這不是高智晟』。緊接著心裡也特別沉重，覺得『唉呀，這也是一個無名的屍體，他們的家人是什麼樣！』我父親就會在那個屍體旁邊擺一些葡萄、水果去供這些無名屍體（哽咽）。

最可氣的就是，這次高智晟在新疆是警察綁架了他，是（與高）同住在一個房間裡。但是高智晟失蹤以後，家裡人去問這個警察，警察說『我們也不知道，我們也在找』。我父親一聽這句話，一下就給癱在地下了，整個就不行了，最後被送進醫院。

記得我父親說『人就在你們手裡，你們都不知道，那高智晟肯定是出事了』。因爲那時候新疆出大事以後，估計說死了好多人，到處都是有死屍。

唉呀！我從這一點，就覺得很難受，覺得這所有的事比……你高智晟認同的價值你承受了，無可非議。但是讓我父親承受的這些，我覺得心裡還是難受。」

「耿和：高智晟新書主要內容。女兒的讀後感與家人心意──不動原版，了高智晟心願」

耿和：「他這本書裡主要是三部分。第一是寫他所遭受的迫害和揭露這個迫害；然後是對神的見證；第三部分是對未來中國的展望，這種展望主要寫民主中國這天到來時，社會體制的一個框架，包括法律呀、教育呀、等等未來民主社會的框架。

我也希望更多的人關注高智晟這個事，我也想從我這個角度發出我的聲音。」

張敏：「你看這本書，如果再具體化一點，你馬上會想到什麼細節？」

耿和：「他描寫的太細了，幾分鐘是這個情景，幾分鐘是那個情景。因爲他刑滿釋放一回家，家裡面就講這些事。」

張敏：「高律師這本書裡，還有什麼地方特別給你印象深？」

耿和：「其實我看的不是特別多，我要說我們家女兒看了這本書。去年 8 月份她剛到新學校的第一天，她說閒暇之餘……剛開學嘛，也許一、兩天不是特別緊，她看了這本書，她用一天一夜一口氣看完以後，就給我打電話，說『媽媽我想回家』。我說『你回

家幹什麼？你在那好好的，媽媽這面忙』。

她說『我看完了爸爸這本書，我心裡面老是害怕，我想回去看看你跟弟弟』。我說『你別回來』。

但是女兒還是開了十幾個小時車，連夜晚上2點到的家。

女兒說『媽媽，我還是害怕，擔心爸爸。這本書是爸爸用生命寫的書，咱們一定要認真負責的找一個人能讀懂爸爸、理解爸爸、為這本書負責的人去出版這本書，也一定要尊重爸爸的心願，不要對這本書改動，算是我們能完成爸爸的一種心願吧！他所遭受的那種苦……這種苦、這種創傷，我們能做什麼？──了爸爸的心願』。

這也就是這本書從去年4月份轉出來一直到現在，有許多波折，我們一直遵從的原則就是──不要動原版。」

「耿和：高智晟出獄後──從「不像人類」的「外星人」，到每天在房頂走一百圈」

張敏：「大家一定也很關心高律師出來以後……出來時身體狀況是怎麼樣？」

耿和：「高智晟是2014年8月7號離開監獄。剛出來時，身體非常糟糕，幾乎不會走路，是被架著從監獄出來的。按他自己的話說，路過鏡子的時候……可能是在機場玻璃門那兒，看到他自己時，感覺已經不像人類了，像外星人。整口牙都鬆動，沒有幾顆好的。到現在都兩年了，不允許他治牙。在這期間他三次試著到西安去治牙，半路都被堵回來在家裡」。

張敏：「現在身體恢復的部分，情況怎麼樣？」

耿和：「他現在精神世界非常強大，在家裡吃著農家院種出來

的食物，恢復得非常好。每天都讀一個小時聖經，所以很好。就是這個牙齒一直沒有恢復過來。」

張敏：「他活動的範圍有多大？自由度有多大？」

耿和：「他的活動範圍就是⋯⋯他們家的窰洞是一排房子，六、七個窰洞你看有多長？可能有個 100 米吧。以前窰洞上面房頂都是土，就不能在那上面走。前兩年來了一場暴雨，雨特別大，所有家的窰洞都漏水，所以就都把那個房頂打成水泥的。他說『哎呀，這也是神的幫助吧』，沒有大的位置（活動），他可以在房頂上來回走。他說每天在房頂上走 100 圈，這是他自己安排的。」

張敏：「活動範圍就這麼大了？」

耿和：「對，是啊，全天候警察就都在周圍看著，不能離開當地的」。

「耿和：我家兄弟姊妹的身份證全都被當地公安局沒收，限制他們離開當地」

耿和：「最可氣的是，知道了我們家的情況。今年我們家女兒 4 月份過生日時，在這之前就跟我姊姊說了，給格格買一些什麼小卡子呀啥的，格格的生日禮物。到最後我說『姊你咋不寄呢？』我姊說『不方便寄。』

我就沒理她。我想『是不是就是開兩會呀，那時候就沒⋯⋯』生日過了，還不寄。我又問她『你趕緊寄呀，咋回事？』她說『唉呀，實在對不起！我們的身份證全都被沒收了。』

哎呀！我一聽，我心裡這個火呀！所以我現在才知道，我們家我兄弟姊妹的身份證全都被當地公安局給沒收了，限制他們離開當

地。

我姊夫得了癌症，要取一種也不知道什麼藥，也許是特殊的處方藥，必須要用身份證。我姊姊每次取藥，都去把身份證要過來，按時再送回去。我姊就說『唉呀！身份證太重要了，沒有這個身份證太難了！』」

「耿和：近期打不通高智晟電話。從新書看高智晟想給外界傳遞什麼樣的信息」

張敏：「現在大家也一定很關心，高律師近期情況怎麼樣？」

耿和：「不管他是近期，還是在這之前，一直都不好，他的電話我們也打不通。我從這本書裡面感覺到，高智晟想給外界傳遞的是什麼樣的信息，他想說的就是，他過去所遭受的迫害和揭露迫害真相，讓更多的人通過他的親身經歷，展示現實中國的這個狀態，讓更多的人能夠清醒起來。也呼籲更多的人能認識中共這個組織邪惡的本質，讓更多的人意識到，改變中國對每個人，或者他後代的意義，希望更多的人能與高律師一道，投入到這個改變中國的運動當中。」

張敏：「他想把中國改變成什麼樣呢？」

耿和：「我想就是回到正常的文明社會裡吧。」

・2017 年，起來中國：酷刑下的維權律師高智晟自述（精裝）
　https://books.com.tw/products/0010719455

・2017 年，起來中國：酷刑下的維權律師高智晟自述（平裝）
　https://books.com.tw/products/0010719448

「耿和：兩個孩子在自由的土地上健康成長，心地都非常善良，這是讓我比較欣慰的」

張敏：「格格現在上到幾年級？天昱上到幾年級？」

耿和：「格格現在大學上到大三了，非常陽光、健康，也是讓我欣慰的。我們家兒子現在上七年級了。這兩個孩子就在這個自由的土地上健康成長，他們心地都非常善良，這是讓我比較欣慰的。」

以上自由亞洲電台「心靈之旅」訪談節目由張敏在美國首都華盛頓採訪編輯、主持製作。

本書作者註：該文發表在自由亞洲電臺（RFA）「心靈之旅」欄目

高貴的人格 超凡的勇氣
──記人權律師高智晟

希望之聲國際廣播電台 齊玉

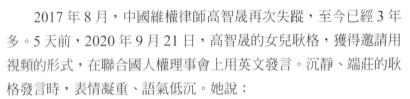

　　2017 年 8 月，中國維權律師高智晟再次失蹤，至今已經 3 年多。5 天前，2020 年 9 月 21 日，高智晟的女兒耿格，獲得邀請用視頻的形式，在聯合國人權理事會上用英文發言。沉靜、端莊的耿格發言時，表情凝重、語氣低沉。她說：

　　「我的父親高智晟，是人權律師，為維權者、信仰群體辯護，記錄中國人權遭迫害狀況而聞名。他因此多次被拘押，遭嚴重酷刑。」耿格說，「我們有責任呼籲聯合國人權理事會，要求中共釋放所有被強迫失蹤的人權活動家，我永遠不會忘記，我父親是他們中的一員。」

　　高智晟被譽為「中國的良心」。他為弱勢群體、為基督徒、為法輪功學員，為一切他認為應該挺身而出幫助的人辯護。他把他的職業看作是完成他今生活在這個世界上的使命。為了這個使命，他

犧牲了他的幸福、他的健康，犧牲了他的前途無量的事業。他在人們心目中是一位英雄，一位在當代中國中少有的英雄。前加拿大亞太司司長大衛‧喬高說：高智晟是「地球上最勇敢的律師之一」。也正因為此，高智晟 3 次獲得諾貝爾和平獎提名。

耿格和她的弟弟已經十幾年沒有見到親愛的爸爸。他們姊弟和母親一起離開中國大陸的時候，弟弟只有五歲。爸爸給他的溫暖、愛護，爸爸的高大形象在他幼小心靈裡的記憶裡是模糊的。而弟弟在五歲之前過的完全是那種壓抑、恐懼、動盪的生活。

我在寫這個故事的時候，找到高智晟的一張照片。四十多歲的樣子，身穿一件深藍色的羽絨服，神態平和自然。他的身後是一條被清理乾淨積雪的山路，再遠處是白雪覆蓋的山丘、窯洞，幾棵裸露的樹木。顯然這是冬天，身後或遠或近的地方可以看到零星的幾個人，應該是他的鄉親。

高智晟是陝西榆林市佳縣人，他是從這張照片的背景裡走出來，從陝西的窯洞裡走出來，從窮苦農民中走出來的。

有關高智晟的故事在網上一查，鋪天蓋地。包括他自己寫的文章和書籍，包括他人給他寫的文章和書籍，有新聞報導，有電視紀錄片──當然這一切在大陸是看不到的，搜索不到的。「高智晟」這三個響亮的字在大陸是敏感詞。

高智晟從 1996 年開始做律師將近十年，2001 年，他被中國司法部評為「中國十佳律師」。高智晟當律師打的第一起官司是免費官司，之後的每一年，他的三分之一的時間和精力都是免費給那些窮人和生活在社會最底層的人們打官司。當北京著名的律師同行們的年收入達到千萬時，高智晟律師事務所的年收入只是他們的十分之一。然而，高智晟仍然願意這樣做。他的理由是：他不能脫離

和窮人的接觸，這是他了解社會底層的一個最直接的管道；再一個很重要的原因是，高智晟說他自己就是窮人出身，當他看到那些山窮水盡的人來向他求助的時候，聽到他們向他訴說冤屈、訴說痛苦的時候，當事者流淚，他也流淚。

高智晟的妻子耿和回憶說，有一年過耶誕節，她準備好豐盛的飯菜等著高智晟回家。可是他回家後，妻子看到他不高興，問：為什麼？高智晟說，今天走在大街上，看到燈火輝煌的街道，我覺得我跟這個社會是隔開的，我融入不到這個社會當中。因為我掙的錢越多，我的當事人的苦難越多。妻子耿和知道了，在高智晟接手的每一個案子中，他都投入了他全部情感和責任。

是的，高智晟真真切切地看到這種反差，在城市的燈火輝煌之外，他接觸到的是那些弱勢群體的貧困、無奈和絕望——他從心裡願意為他們伸出手，幫助他們。

高智晟有這樣的境界是因為他曾經是窮人嗎？童年、少年的貧窮對他來說刻骨銘心。更重要的是他有一位普通而又偉大的母親，他母親留給他的是一筆巨大的精神財富——那是堅忍、善良和寬闊的胸懷。

高智晟在回憶母親的文章裡寫道：母親嫁給父親的時候，父親家是一貧如洗。這個從貧窮開始的婚姻存在了 22 年。自始至終沒有改變的就是貧窮。父親一生的夙願是有朝一日能吃飽肚子，而父親去世後，父親吃飽肚子的這個願望，變成了母親讓全家人活下去的目標。那時，母親和她的 7 個孩子面臨的是山窮水盡的境地。

為了讓她的孩子們能活下去，母親開始了不分晝夜的勞作。白天在黃土地裡辛勞，晚上不間斷地紡線，這是全部孩子有衣服穿的保證。不到半年的時間，母親已經骨瘦如柴。但是母親的辛苦仍然

不能保障讓她的孩子生存下去所需要的東西，為此，盡可能減輕母親沉重的負擔，則成了全部孩子的自發選擇。

記得父親去世後過的第一個大年，家中更是一貧如洗。大年三十上午，一個遠房叔叔送來了一斤三兩豬肉、一斤多羊肉、兩斤白麵。大年三十夜，全部孩子圍坐在炕上，母親將炕燒得熱烘烘的。她將切成片的肉燉熟，所有孩子都沒有端飯碗、拿筷子，由母親端著碗用筷子夾著肉片餵了每個孩子兩口。

那次的肉香是高智晟終生不能忘掉的，那個年夜裡，他和兄弟姊妹們吃上了世界上最香的肉，住在世界上最暖和的窯洞裡。大年初一早晨，天還沒亮，全家人就圍著煤油燈忙碌著，他們用叔父送來的一斤羊肉和兩斤白麵拌著蘿蔔絲兒，全家人吃了一頓餃子！高智晟回憶說，那天早晨我們吃到了人世間最香的餃子！雖然有限的數量不能讓我們吃飽。但母親是用心、用愛而不是用財富，使我們過了一個有生之年不能忘掉絲毫、最幸福的年。

小學時的高智晟基本上是處於一種自學狀態，因為父親去世後，高智晟就和 10 歲的弟弟在山上採藥換來高粱米維持全家人的生活。而就在這樣的困苦的生活中，母親讓除了大哥大姊之外的所有孩子完成初中的學業。高智晟的文章裡說：母親是有遠見的。

高智晟就讀的古城中學在離家 10 里的高山上，因為住校每天需要交 8 分錢的伙食費，母親鼓勵他走讀。3 年裡，母親實際上沒有睡過一夜好覺，當時全村沒有一個鐘、一塊錶，夜晚掌握時間的方式就是看天象。在高智晟的睡夢中，母親一個晚上要幾次出門看星星。陰天的夜裡，母親根本就不敢睡覺，憑著感覺以判斷時間。母親犧牲了她的睡眠卻保證了高智晟在 3 年裡從未有過一次遲到，更沒有曠課的事情發生，他以他的方式回報著母親。

　　雖然後來高智晟考上了全縣重點高中，但還是因為貧窮而不能繼續讀書，但這3年初中的讀書生涯，為高智晟一生的價值奠定了最重要的基礎。而這些，是母親和他共同完成及創造的。

　　高智晟貧窮的家庭在母親的堅持下，7個兄弟姊妹中，母親讓除了大哥大姊之外的所有孩子完成初中的學業（1）。這是一個奇蹟，而奇蹟的創造者就是高智晟堅韌、善良的母親。高智晟的母親是敬神信佛的人，雖然一生都在極度貧困的苦難中，但她用道德的力量教育影響著她的孩子們，在極度貧困的苦難中依然在扶助其他的窮人。

　　很多記憶是高智晟永遠忘不掉的：飢餓的兄妹7人有任何偷吃他人瓜果的行為，都會受到母親嚴厲的懲罰。

　　每遇集市，母親總要給年老的奶奶設法買點好吃的，之後是所有的孩子都被嚴厲禁止，不得踏近奶奶門口半步。

　　而高智晟的奶奶從來都是不停地在咒罵著母親，母親不被罵的時間是：吃飯、睡覺和母親不在家的時候。然而，被罵得淚流滿面的母親，每頓飯盛出的第一碗是端給奶奶的，而且是最稠的飯。剩下稀湯寡水的還能稱的上叫飯的東西，還要限量分給正在成長的孩子們。

　　天天挨奶奶罵的母親雖然傷心、委屈，但她告訴孩子們，奶奶早年喪夫、老年喪子，非常地不易，奶奶的世界裡只有咱們這家人，奶奶又不能罵別人，罵咱們若能解除可憐老人的煩悶，容忍一下沒有什麼。

　　母親經歷六十年的貧苦生涯，並沒有因為自己貧窮而影響她對其他窮人的幫助。母親對那些出來討飯的窮人的幫助在當地是老幼盡知。到了冬季，不管來自哪裡、人數多少，母親都不厭其煩地將這些被迫出來討飯的窮人張羅到家裡，除了給他們飯吃，夜晚為他們提供睡覺的地方。

　　二十多年後，當高智晟成了在弱勢階層頗具聲名的律師，常有拄者拐杖、坐著輪椅、沒有交費能力的人被其他熱心的律師同行帶到高智晟的辦公室時，他總能想起母親幫助窮人的情景，他每每會心一笑。

　　有一年夏季的一天，一名討飯的母親帶著孩子到了高智晟家，可是恰逢家裡沒有一粒糧食，討飯人失望地帶著孩子準備離開，母親讓她們等一等，自己跑了出去。過了一陣子，母親手捧著兩個還沒有完全長熟的玉米棒，給了那位討飯的人。這兩穗還沒有成熟的玉米棒是母親從自家自留地裡掰下來的。

　　高智晟每年過年回家，常有一些他們兄妹不認識的人拖兒帶女到家來吃飯，這些人都是衣衫襤褸，每每問及母親，她老人家都是笑著回答說：「是咱家的親戚。」是的，高智晟的母親一輩子都是把這些窮苦的人當作自己的親人。

　　高智晟在回憶他母親的文章中這樣說：「母親是個有道德力量的人，我手裡的這支筆是無法窮盡母親在道德力量方面所積累的厚重底蘊。」母親的偉大品格持久地影響著我們、給了我們無盡的精神財富。

　　高智晟完整地繼承了母親的高貴品格。尤其在成為律師之後，他用和母親不同的方式幫助著需要幫助的人，和母親完全不同的是，母親幫助窮人沒有任何危險，而高智晟幫助這些人是要付出極

高極高代價的。明明知道前面的道路坎坷不平，但是，他還是堅定地往前走。

在他將近十年的律師生涯中，為無數的弱勢群體維權，比如被政府強拆房屋而狀告無門的人、被政府強行搶奪財產而傾家蕩產的人，有政府強制實行殘忍的計劃生育政策下家破人亡的人……太多的不公、太多的冤屈、太多的黑暗讓高智晟看到這個體制的弊端和邪惡。高智晟在受理強拆房屋的案件中，百分之百地沒有打贏過，因為這觸及了官商勾結的巨大利益集團。

而這些常常讓高智晟悲哀而無奈。可是他又無法忽視那些在絕望中向他求助的人們。高智晟在他的書中寫道：中國和法制國家不一樣，每一個小小的案件，最終都能反映出深深的制度問題。可是，當你有改變它的願望的時候，你已經很危險了。

然而真正改變高智晟命運的是他接手了法輪功學員的案件。敢於踏入這個禁區的律師，在當時全國的十幾萬律師中是寥寥可數的幾個人。而高智晟的正義感和良知讓他欲罷不能。

那是 2004 年 12 月，高智晟為第一個代理的法輪功學員案件奔走的時候，就被法院告知：法輪功案件一律不予立案；不允許你再作任何司法究責；法院還威脅他說，你這樣幹很危險，如果還要繼續的話，我們要寫司法建議處理你們。高智晟沒有理會他們的威脅，但他知道當局堵死了一切法輪功學員上訴的法律途徑。

無奈之下，2004 年 12 月 31 日，高智晟發出了「致全國人大及吳邦國的公開信」，希望當局權力的介入能遏止這種非法剝奪公民權利和公民人身自由的惡行。高智晟說，作為律師選擇法律之外的途徑去維護當事人的合法權益，這是律師的痛苦。

高智晟在他的書中寫道，在法輪功這個問題上，如果全體公民

整體性的視而不見，這個恥辱和道義的包袱我們還要背多少年？如果所有的律師悄聲無息，未來在這個問題上，律師有何顏面去面對歷史？

2005 年 10 月，高智晟到山東調查法輪功學員被中共迫害的真相。2005 年 10 月 18 號，高智晟發表了給胡錦濤、溫家寶寫公開信。信中披露了大量的法輪功學員被抓捕，被殘酷地肉體和精神折磨，被失蹤、被迫害致死的令人髮指的行為。呼籲他們停止對法輪功的鎮壓。寫信的第二天，高智晟就接到了威脅電話。從 10 月 20 號開始，相當數量的便衣、警車寸步不離地跟蹤他和他的家人。15 天之後，北京司法局強行關閉了高智晟的律師事務所。但是高智晟的公開信在社會引起強烈的反響。各地被迫害的法輪功學員，紛紛請求高智晟去他們當地了解法輪功被迫害的真相。11 月 29號，高智晟和他的朋友北京大學教授焦國標一起到了山東、遼寧、吉林三省，進行了半個多月的調查。

2005 年 12 月 12 號，高智晟給胡溫又寫了第三封公開信，這封兩萬多字的公開信，題目是〈必須立即停止滅絕我們民族良知和道德的野蠻行徑〉。他在信中說：我們窒息般地聽取了一個個在這場迫害中死裡逃生，有的是多次從死裡逃生的受害同胞口述真相的過程，這曠古、曠世的血腥場面，凶殘的人性，慘絕人寰的折磨手段，其情其景，縱使魔鬼也會為之動容。

高智晟說，在和法輪功學員接觸的半個月裡，是在和一些聖賢（法輪功學員）打交道。她們不屈的精神，高貴的人格及對施暴者的寬恕襟懷是今天中國的希望所依，也是我們堅強下去的理由所在！那群一個個微笑著，用平和的語氣講述令人驚魂動魄的被迫害過程者，常常讓他感動得熱淚滾滾。

高智晟寫下第三封給胡溫公開信的第二天，也就是 2005 年 12 月 13 號，他鄭重發表退黨聲明，聲明寫道：它，中國共產黨！它以最野蠻、最為不道德的非法手段折磨我們的母親、折磨我們的妻兒、折磨我們的兄弟姊妹，它在一刻不停地逼迫煎熬著我們人民的良心、人格及善良！高智晟，一個已多年不交黨費，不過「組織生活」的黨員，從即日起宣布：退出這個無仁、無義、無人性的邪黨。他聲明的最後一句話是：這是我人生最自豪的一天。

高智晟從來也沒有停止他的抗爭、他的戰鬥，也從沒有停止為那些遭受苦難的人去吶喊。為改變這個世界，為支持正義，他甘願自己承受巨大苦難而義無反顧。

上期我們講到，2005 年 11 月份的下旬，高智晟到山東、遼寧、吉林調查法輪功學員被殘酷迫害的真相之後，給胡錦濤、溫家寶寫了第三封公開信，第二天，就鄭重發表退黨聲明，並且說：這是他人生最自豪的一天。

高智晟說，這次半個月的調查，和那些走下老虎凳的人共同生活，是他們的精神幫助我擺脫這種精神的羈絆。我們民族處於一種極度危險的時候，我個人為了保住我的律師資格，為了保住我的律師事務所，而不去和人民站在一起，這是我的羞辱，所以我最終選擇了退出這個殺人集團。

但高智晟心裡非常清楚，為法輪功學員呼籲、申冤，高調地退出中國共產黨，他將會面臨著什麼。他也知道，中共已經在他的身邊設下了魔網，這張網在一天天張大，一天天逼近。

　　高智晟寫完這些公開信之後，他和全家就被跟蹤、被騷擾。其實，這期間，中共有過幾次是要對高智晟下狠手滅口，但高智晟都僥倖躲過了。10 個月之後，中共終於沉不住氣了，終於張開了這張魔網。

　　2006 年 8 月，高智晟到山東的姊姊家看望病危的姊夫。8 月 15 號這天上午，高智晟突然感到胃腸不適，無法到醫院照顧姊夫，就留在家裡。姊姊中午回家的時候，發現樓道了站滿了人。這些人都光著膀子，帶著墨鏡。當她剛把鑰匙插入門鎖孔，旁邊幾個人突然猛撲向她，其中一人捂住了她的嘴，另外幾人同時用腳踹門。門被轟隆的一聲踹開，幾個人像餓狼一樣撲向倚在臥室床上看書的高智晟。有一個人一步跳上床將他撲倒，一隻手捂住他的嘴，另外幾個人上來把高智晟翻轉身，面朝下壓在床上，有人抓住他的頭髮，另外的人用黃膠帶纏住了他的眼睛和嘴巴。然後套上黑頭套。就這樣，高智晟還光著腳，只穿一條短褲，就被架上警車，而他上身穿的背心被則警察撕碎。高智晟被押回北京，投入北京第二看守所。

　　高智晟的姊姊也被抓到了當地的公安局，東營市公安局局長還親自向姊姊問話，他問：「你為什麼要和你弟弟在一起？」姊姊回答：「你已經有答案，你知道他是我弟弟。」問：「你的弟弟已經嚴重地威脅到國家的安全，為什麼還是要和他在一起？」姊姊回答：「一個赤手空拳的個人能嚴重地威脅到國家的安全，只能證明你們的政權是紙糊的。警察頭子又問：「說你不識字，怎麼能講出這樣明白的道理？」姊姊回答：「這些簡單的道理除了當官的人以外，三歲小孩子都懂。」警察頭子說：「不跟你胡攪蠻纏了。」姊姊回答：「是你找我談話，我從來沒打算要找你。」姊姊的智慧和鎮定讓這個公安局長敗興而去。後來，姊姊把這段對話說給高智晟聽了，姊

弟倆都帶著眼淚笑了。

高智晟被抓到看守所之後，當天夜裡就被提審，四天四夜不讓他睡覺，被要求長時間的一動不動地坐在硬板上，或者鎖在鐵椅子上，在強光照射下接受提審。為了抗議這種虐待，高智晟開始絕食。警察告訴他，你絕食，你的老婆孩子就休想喝上一口水，想到家人的處境，高智晟放棄了絕食。而高智晟被抓的當天，他的家被抄，一切值錢的東西被洗劫一空。多名警察強行住進家裡，全天監視高家人的一舉一動。後來高智晟得知，警察沒收了他的全部財產，家裡到了山窮水盡的地步。

一個多月後，妻子耿和被跟蹤的警察暴力毆打，在第一時間高智晟被告知了這個消息。當晚他拒絕吃飯。專案組跟他說，只要你認罪，寫悔過書，你的妻子和孩子就可以得到生活費。但是，你的悔過書我們必須滿意。高智晟問：滿意的標準是什麼？回答：其它的都可以忽略不談，但必須承認（你反映的）法輪功問題全部是（你）捏造的。高智晟說，如果你們在這個問題上沒有任何彈性的話，那麼就讓我的妻子、孩子去死吧。專案組看高智晟這麼堅決，就說，文字上可以商量。為了讓家人生活下去，高智晟開始寫悔過書，可是他寫的東西上面不會滿意。最後面世的所謂悔過書，底稿是專案組拿出來，高智晟抄寫的。但是那段時間他的內心極度痛苦。他說，這個悔過書不知傷害了多少人。一年之後，就是2007年9月8號，高智晟在大紀元時報發表聲明：聲明悔過書作廢，不承認當局所強加的罪名。

2016年6月，高智晟的女兒耿格飛到香港，發布父親高智晟的新書。已經長大成人的耿格走下飛機，踏上香港的土地，這是她離開中國7年之後，第一次離大陸這麼近，第一次離父親這麼近，

耿格哭了。

2006 年，爸爸被抓的時候，耿格才 13 歲，從 13 歲到 16 歲逃離中國之前，她經歷的是最黑暗最殘酷的青春歲月。上學期間，有 7 個警察如影隨形跟著她上學，他們可以隨時當眾毆打、羞辱耿格。耿格的老師曾經對全校的學生說，不允許跟耿格說話，誰跟耿格說話，誰也會進監獄。

耿格到香港發布高智晟的新書題目是《2017 年，起來中國……酷刑下的維權律師高智晟自述》。書中寫道：「我有近十年的非人間經歷，身受了許多傳說中是地獄裡才能有的苦楚。我在短暫的律師執業中見證了這個體制製造的太多血腥與苦難……十年來，綁架、囚禁、酷刑、再綁架、再囚禁、再酷刑成了生活的常態，成了我這些年來經歷的全部。」

書中還透露，有一次酷刑，高智晟的全身被電棍電擊的時候，他能聞到自己的皮膚被烤焦的味道。他反覆承受的是一個正常人根本難以想像的酷刑和血腥。

在香港和台灣的新書發布會上，耿格說：「在獄中，我父親被打、被電擊、赤裸身體、挨餓，甚至有人在他身上小便。在美國這樣的國家，單獨拘禁是不能超過 30 天的，因為它會導致人精神崩潰。但是在中國，他們把我父親單獨關押了三年。在那三年裡他沒有任何人際交流，他們甚至不讓他站起來。當我父親出獄時，他幾乎失去了行走和說話的能力。他的牙齒、頭髮幾乎全部掉光。」

耿格說，她看完爸爸的書稿，心裡感到的就是疼痛……高智晟的妻子耿和說，她不敢看高智晟寫的書稿，（因為）那裡全部是血淚……

在新書發布會上，耿格還說，「父親所遭遇的非人折磨並沒有

摧毀他的意志。父親仍在寫作。」

是，高智晟從來也沒有停止他的抗爭、他的戰鬥，也從沒有停止為那些遭受苦難的人去吶喊。為改變這個世界，為支持正義，他甘願自己承受巨大苦難而義無反顧。

可是，一年多之後，2017 年 8 月，高智晟再次被失蹤至今。

今年 5 月 9 號，是高智晟再次失蹤 1000 天，他的妻子耿和發推文說：1000 個日日夜夜。上天入地，無處尋覓，叩問蒼天，無語凝噎。淚，已快流乾。心，已成焦土。高智晟，你到底在哪裡？？

高智晟，我們大家呼喚你，你在哪裡？你曾經走在北京街頭輝煌的燈光下，心裡想的卻是在燈火闌珊的深處一個又一個讓你牽掛，需要你挺身幫助的人們。

高智晟，我們呼喚你，你在哪裡？你曾經在你陝北老家的窯洞裡，坐在你母親曾經坐過的炕頭上，寫著只屬於你和你的窮苦百姓的悲歌。

高智晟，我們呼喚你，你在哪裡？親人聽不見你的聲音，朋友看不到你的身影，這個世界上沒有你的一點消息。你被深度的失蹤，被無盡的黑暗包圍。但我們相信，黑暗不屬於你，在神的指引下，你心中永遠是一片光明。

文章的結尾，我們還是用你 2005 年 12 月，面對幾十名上訪同胞時的一段熱淚滾面演講中的結束語：

我們不幸生活在這個時代的中國，我們經歷和見證了世間任何民族都不堪經歷和見證的苦難！

我們有幸生活在這個時代的中國，我們將經歷和見證世間最偉大民族結束苦難歷史的過程！

──轉載自 希望之聲國際廣播電台【晨間話題】

本書作者註：（1）齊玉同意將原文中的「有 5 個孩子讀完了初中」改成「母親讓除了大哥大姊之外的所有孩子完成初中的學業」。該文轉登在大紀元文化網「現代散文」欄目分（上）（中）（下）發表，並有齊玉的廣播錄音。本書的編輯將其合併成一篇文章。

公開退出中共的醒覺者——高智晟

——「中國的良心」高智晟律師失蹤 5 周年集會發言稿

李海倫，2022 年 08 月 13 日

　　大紀元編者按：今年（2022 年）8 月 13 日，著名人權律師高智晟先生被失蹤整整 5 年。當天多個團體在中共駐洛杉磯總領館前集會，聲援高智晟律師。下面是洛杉磯全球退黨服務中心負責人李海倫的發言。

　　大家好：

　　今天，我們聚集這裡，聲援高智晟律師的夫人耿和女士，營救她的丈夫高智晟律師。高智晟律師于 2017 年 8 月 13 日被中共邪黨非法抓捕，至今已經整整 5 年，5 年來渺無音訊。

　　高智晟律師是國際著名的中國維權律師。他以不畏強權，堅定維護被欺壓老百姓的權益而著稱。高智晟律師長期替弱勢群體維權，甚至為窮人維權分文不收。高智晟律師敢於幫當局眼中的敏感

個案辯護，包括地下基督教徒、法輪功修煉者，以及與官員發生糾紛的底層農民和私營企業家。他還撰寫文章，抨擊社會不公。

高智晟律師的高風亮節、大義凜然、豐富的專業知識和經驗，為邪惡中共統治下的被壓迫、被壓榨的苦難人們帶去生的希望！這方面有很多使人感動流淚的故事，因此高智晟律師受到海內外人們廣泛的愛戴和敬重；這也是高智晟律師獲讚譽為「中國的良心」、「中國的脊梁」光榮稱號的由來。

在為民眾維權辦案中，高智晟律師親眼目睹、親耳聽到共產黨肆意踐踏法律，鎮壓弱勢民眾的駭人聽聞的現狀。他公開譴責中共邪黨對法輪功修煉者慘絕人寰的酷刑虐殺、公開譴責活體盜賣法輪功學員器官並殺害他們的驚天罪行。高智晟律師讓共產黨高層邪惡勢力又恨又怕，而遭受當局最嚴厲的迫害。

值得慶賀的是，高智晟律師公開聲明退出了中共黨組織。高智晟律師因為法輪功信仰者維權，在辦案接觸過程中，痛徹心肺的震撼，使高智晟與這個邪惡組織徹底決裂。公開聲明退出邪惡共產黨。

請允許我節錄高智晟律師退出共產黨的聲明：

「十幾日的，幾乎晝夜不斷地對政府控制集團幾年來野蠻迫害自由信仰者的真相調查，今日暫告一段落。因家中僅有妻子及孩子，而家門口又 24 小時圍堵著今日人世間名聲最為惡劣，最無道德且無惡不敢為的中國員警群體，每得閒隙對被圍困中的妻兒揪心的思念應時而至，願主保全她們的安危！

十幾天的，與法輪功信仰者的再次近距離經歷，是十幾天的靈魂的震撼經歷。15 天來，我看到了我無法用語言文字來述清，針對我們善良人民的罪惡！如對王玉環這樣的一位老人，數百人次的

員警，黨的幹部，六年裡只是沒完沒了地去反復在肉體、精神方面，用盡一切令人髮指的罪惡手段去對付一個平和的老人。每一次二十多名員警，連續折騰 24 小時以上，一群員警每次累得精疲力盡，有的暴跳狂嚎不止，對王玉環老人的那套全套大刑折磨最多 17 天進行 3 次。有一次三天兩宿沒下老虎凳。這就是我們的黨每天站在政治的高度所做的事！

十幾天結束啦！但我對中國共產黨的徹底絕望開始啦，它，中國共產黨！它以最野蠻、最不道德的非法手段折磨我們的母親、折磨我們的妻兒、折磨我們的兄弟姊妹，當成了它黨員的工作任務，提高到它的政治高度，它在一刻不停地逼迫煎熬著我們人民的良心、人格及善良！

高智晟，一個已多年不交黨費、不過『組織生活』的黨員，從即日起宣布：退出這個無仁、無義、無人性的邪黨。這是我人生最自豪的一天！」

高智晟律師還表達了對「退黨」運動的觀點：

「當你現在的膽氣還不足以使你站起來的時候，你在心理上去拋棄中共惡勢力，不要再相信它的謊言，尤其是那些具有黨員身分的人，你盡快地退出這個邪惡的暴政集團。這是你能做的，而且在形式上你可以用你的假名！因為你不退出來，這個反動的勢力做的每一件惡事、包括對我高智晟的迫害都借用了你的一個字！」

到今天為止，已經有 4 億零 46 萬中國人在退黨網站，聲明退出了曾經加入的中共黨團隊組織，為自己作出了正確的選擇。希望還沒有聲明退出黨團隊的中國人趕快聲明退出，不與邪惡中共為伍，是對自己負責。

最後，我們強烈譴責中共對高智晟律師的非法關押迫害，責成

中共當局立即釋放高智晟律師！善惡有報，迫害好人高智晟律師的天理不容！

　　我們也深深地敬佩耿和女士的堅強與善良，您在為營救高智晟律師的風雨艱辛中，譜寫著一部壯美的樂曲、演繹著偉大的含意。衷心祝願您及您的孩子們健康平安！

　　謝謝你們全家為維護人間正義良知道德，所付出的、所承受的一切！祝願你們全家早日團聚！

本書作者註：李海倫女士是美國洛杉磯全球退黨服務中心負責人。該文發表於大紀元評論的「自由廣場」欄目。

耿和：
我們一家在「高智晟浮雕」裡團聚

大紀元徐曼沅，2022 年 09 月 21 日

❖

　　華氏一百多度的高溫下，18 歲少年高天昱勤勉地在加州莫哈維沙漠（Mojave Desert）中尋找彈殼，他搜集了 7,355 顆子彈，與母親耿和、姊姊耿格一起完成了「高智晟浮雕」。這幅作品寄託了三人對中國大陸人權律師高智晟的思念，也象徵無數遭中共迫害、撕碎家庭的盼望——闔家團聚。

　　9 月 20 日，高智晟的妻子耿和女士帶著「高智晟浮雕」赴華盛頓 DC 參與對華援助協會（ChinaAid）所舉辦的「林昭自由獎」頒獎典禮，會議由傅希秋牧師主持，克里斯·史密斯（Chris Smith）等國會議員及其他政府官員和多位人權機構負責人出席。對耿和而言，這是 14 年來他們全家首次面對大眾「團聚」，她說：「我們一家四口終於團聚在高智晟浮雕作品裡。」

高智晟 2017 年失蹤後杳無音訊

2005 年，中共當局強行關閉高智晟在北京的智晟律師事務所，吊銷了高智晟的律師執照。此後，高智晟就被反覆祕密關押、軟禁及非法判刑入獄，這期間高智晟曾短暫獲釋，但卻始終被中共當局重點監視。2017 年 8 月 13 日，高智晟於陝北老家離奇失蹤，至今下落不明。在此之前，高智晟的妻子耿和於 2009 年攜一雙兒女逃亡赴美，過程驚險與辛酸難以對外人言道。

耿和表示，自己曾試圖對高天昱隱瞞他父親遭到中共迫害受難的情況；直至 2022 年 4 月，她要赴柏克萊大學（UC Berkeley）演講時，才讓兒子知曉高智晟需要聲援與幫助。她說：「我想其實他（高天昱）知道，只是沒有問，不願意去談這些事情。」那次，高天昱肩負起保護母親的責任，一路充當保鑣與司機護送母親與友人赴柏克萊大學。

在加州自由雕塑公園創作「高智晟浮雕」

今年 6 月，耿和帶著一雙子女赴加州自由雕塑公園，他們一家三口於沙漠農莊打靶，並在雕塑家陳維明的協助下，完成了「高智晟浮雕」。利用子彈殼製作浮雕一點也不輕鬆，第一天下來，耿和與子女們的雙手都有傷口，長時間用膠槍往彈殼裡推膠，不僅手腕腫脹，手指也痛到使不上勁。他們幾乎每天都工作到半夜 12 點，甚至到凌晨，每日平均工作十幾個小時，歷時兩週才完工。

加州自由雕塑公園負責人、雕塑家陳維明表示，這幅作品傳遞了妻子對丈夫的想念、子女對父親的孺慕之思，這是他從未嘗試過的創作，但卻也是很滿意且成功的作品。

陳維明說：「高智晟是為了公平正義、為維權者發聲，他站在良知的角度去支持法輪功學員，擔當了一個律師應盡的責任。」他認為，雖然高智晟的選擇，給自己的親友們帶來了巨大的衝擊與苦痛，但對無數需要維權的大陸人而言，高智晟讓人們感受到溫暖與希望。

繼承父親的筆 耿格談到高智晟的一個夢

耿格告訴《大紀元時報》的記者，父親曾做過一個夢，夢境中高智晟將自己的筆送給了一名小女孩。不久後，高智晟就遭到中共關押、軟禁，再也無法發聲。

她說：「父親可能沒機會再寫了，但我們其他人應該繼續努力，這枝筆可能傳遞到我的手上，或者是其他有良知、勇敢的人手裡。」儘管因父親的關係，耿格在大陸飽受中共騷擾、同儕排擠，但她卻始終以父親為榮，在海外努力聲援高智晟。

高天昱為父親感到自豪 但與他相處時間太少了

高天昱回想小時候，父親總是問自己：「你想和媽媽睡還是我睡？」他永遠選擇母親，因為高智晟總是很嚴格、總是很忙碌。但現在高天昱對當時的決定感到後悔，因為他和父親相處的時間非常短暫，高天昱說：「我們在一起的時間太少了，當我有機會時我不習慣，但現在我再也沒有那個機會了。」

高天昱為父親感到自豪，因為高智晟一直在為每個人而戰。他說，父親想讓大陸人享有自由，所以每當有群體受到騷擾或虐待時，他都會站起來為其辯護；儘管要對抗的是中共極權政府，儘管知道自己戰勝的機會很渺茫。高天昱說：「我知道我的父親一直在

努力奮鬥，我就想像他一樣盡力而為。」高天昱在製作高智晟浮雕的過程中，射擊了無數發子彈，從彎下腰撿回一顆顆蹦跳的彈殼中，他感到更加了解了自己的父親。

耿和：高智晟不是不怕 而是選擇堅守良知

耿和表示，很多人都不理解高智晟為何要去代理中共政府不讓代理的案子，即使在他遭到關押、被打擊後，在僅有的短暫自由時間裡，也持續用自己的筆去揭露中共對人權的迫害。但她很清楚，這就是高智晟——他熱愛中國人；他幫助過很多人，但同時也是一個好丈夫、好父親，一個好人。

高智晟曾告訴妻子，因為自己是一名律師，所以不能讓正義公理在歷史裡缺席，高智晟詰問：「當翻開歷史這一段的時候，人們要怎麼去面對沒有律師為法輪功學員、基督徒反迫害的聲音？」所以他仍接受中共限制代理的案子，其實不是不害怕，而是選擇堅守自己的良知。

耿和表示自己願意跟隨高智晟走下去，因為「彼此都是心地善良的人」。她說，過去她並不清楚高智晟做了些什麼，丈夫將自己與家人保護得很好；但現在自己會很勇敢，她已經不僅是高智晟的「家人」，更是他的「同事」。耿和相信，高智晟的堅持是有意義的，同時也尊重他的意願；但只要高智晟有危險，她一定會站出來發聲。

本書作者註：該文發表在洛杉磯大紀元的「大洛杉磯新聞」欄目。
耿和在 2022 年 9 月 21 日的推文中寫道「8/13/2022，在高智晟強制被失蹤 5 週年之際，我們全家終於在這天完成了這幅《高智晟浮雕》。感謝你們來見證我們 14 年來第一次『團聚』在這幅《高智晟浮雕》作品裡。拆不散的心……拆不散的家庭！」，並分享了一段錄像。

高智晟失蹤六周年
專訪耿和：走出痛苦的陰影

大紀元 俞元，2023 年 08 月 21 日

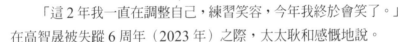

「這 2 年我一直在調整自己，練習笑容，今年我終於會笑了。」在高智晟被失蹤 6 周年（2023 年）之際，太太耿和感慨地說。

她表示，今年（2023 年）美國國會、全球都在關注高智晟，呼籲中共當局釋放高智晟，這讓她感到很欣慰，也非常感恩。

目前她和孩子之間也充滿了理解信任，一家人正逐漸地從高智晟失蹤的痛苦陰影中走出來。

媽媽為什麼總是生氣的樣子

「媽媽，我們沒有做錯什麼呀，你怎麼看起來總是這麼生氣？孩子覺得我很嚴肅，躲著我，不願和我交流。」耿和回憶說。

她說：「其實我沒有生氣，只是太多的負荷，壓得我喘不過氣來。每一天都有幻想，明天是不是會好一些，會不會有高智晟的消

息，煎熬著每一天。」

為了生計，耿和做一份全職工的同時，還做兩份鐘點工，回到家裡還要忙家務，每天忙得像陀螺一樣轉個不停。

甚至當她聽到得知高智晟的姊姊自殺的消息，都沒有時間痛哭一場。

耿和不想給孩子的成長造成更多的心理陰影，她沒有告訴孩子：老家親人被株連的悲慘遭遇；自己長期對高智晟的掛念焦慮，她把這一切埋藏在自己心裡。

夜深人靜時，耿和有時給老家打電話，探聽高智晟的消息；有時撫摸著高智晟的書，看著他的相片，訴說著自己的艱辛與形單影孤；孩子成長的煩惱；孩子人生中重要時刻（孩子的初、高中畢業典禮，女兒的結婚），他的缺席……

「時間長了，我感到自己的臉部都僵硬了，人也變得比較呆板，孩子看著我有點害怕，有事情也不告訴我。」耿和無奈地說。

兒子的變化

高智晟的兒子高天昱（Peter），五歲時跟著媽媽、姊姊一起逃離了中國大陸。他在美國時間長了，漸漸不會說中文了。

耿和與兒子 Peter 之間的溝通，常常依賴於女兒耿格的翻譯。

之前，耿和很少跟兒子提起高智晟的事情，也一直沒有告訴他父親的去向。

今年 6 月初，耿和告訴兒子：「父親節快到了，你給爸爸寫個賀卡吧。」

沒想到兒子一口答應下來了，立刻和媽媽去超市精心挑選了一張賀卡。

回家後，Peter 瞬間在卡片上用英文寫好了給爸爸說的心裡話，並用 Google 翻譯給媽媽看：

父親節快樂！

爸爸，我很難記起，上一次見到您是多少年前了。但我知道，在媽媽獨自一人撫養我長大的苦難歷程中，我變得堅韌不拔和善於思考。很多時候我在想，如果您能看到我所學到的一切，您會是多麼的驕傲。我永遠無法找回我所失去的，但我努力成為您心目中期待的那種兒子，當我們再次見面時，您就會看到。

Happy Father's Day!

Dad, it's hard to remember how many years it's been since I last saw you, but I know that the hardships I endured growing up by a single parent made me resilient and resourceful, and many times I wonder how proud you would be if you could see all that I have learned. I will never get back what I have lost, but I am committed to being the kind of son you want me to be when we meet again.

耿和當時就流淚了，感覺孩子真的長大了。

兒子平時很少提及父親，看起來很輕鬆的樣子，沒想到他的心裡卻深深埋藏著對父親的摯愛，並以父親為榜樣而成長。

「孩子的變化，可能跟高智晟寫給兒子的書有關係。」耿和沉思了片刻後說。

2014 年 8 月，高智晟律師被「釋放」後，軟禁在陝北老家的窯洞之中。

耿和要求他給孩子一個交代，這麼多年爲什麼不在孩子的身邊。

2016 年，高智晟給孩子寫了一本書《爸爸的故事》，與《2017年，起來中國》這本書一起從中國傳到美國。

耿和說：「高智晟給孩子寫的這本書，講了他自己三代的家譜，這些年他爲何不能與家人在一起，解開兒子多年的困惑，也是兒子學中文的好教材。」

耿和告訴大紀元，Peter 每週都會去姊姊家一次，「看」高智晟的書。

姊姊先用中文讀一段書中的內容，再用英文口頭翻譯給 Peter 聽，每週讀幾個章節。

耿和表示，起初 Peter 比較消極，常常藉口事情忙，不去姊姊家。

後來他越來越主動，每週很早就安排好了去姊姊家讀書的時間。

Peter 的姊姊格格說：「我以前總認爲他是個小屁孩，只會淘氣、玩耍。現在才知道他非常有思想，在我面前是立體的。」

耿格告訴媽媽，她和弟弟在父親的這本書上有很多交流；姊弟倆還經常商量，籌劃爲營救父親做點什麼事情。

「快 15 年了，我們能夠互相理解，擺脫精神、心理上的創傷，走到今天這一步，非常不容易。目前是我們一家人最好的時刻。」耿和微笑著說。

耿和最後說：「今年美國國會選擇 4 月 20 日、高智晟 59 歲

生日那天，舉行了特別聽證會；8月13日全球許多城市舉辦聲援高智晟的活動，讓我感到很欣慰，也非常感恩。」

本書作者註：該文於 2023 年 08 月 22 日登在大紀元美國舊金山「灣區新聞」欄目，並有「聽紀元」錄音。

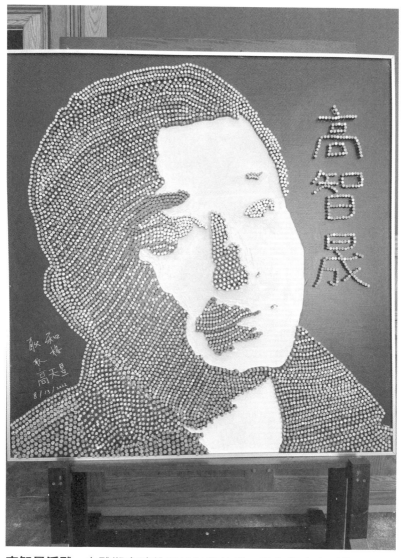

高智晟浮雕：由雕塑家陳維明設計與協助，耿和與女兒耿格、兒子高天昱共同用 7,355 顆子彈殼打造完成。（耿和提供）

致謝

　　首先十分感謝高智晟的家人對我的信任，讓我有幸讀到了還未發表的高先生的家書手稿，這是我得以編寫這本書的根本的原因。本書收集了高先生自己、他的太太耿和以及女兒耿格發表的一些重要文獻。我卑微而誠摯地將本書獻給中國的良心、勇氣與脊樑高智晟以及他所有的家人和親人們。他的整個家族被牽連受迫害，已經付出了難以想象的巨大的代價！

　　書裡收集的其它一些關於高智晟的重要文章的作者包括胡平先生、已故的力虹先生、齊玉女士、張敏女士以及李海倫女士等，感謝他們的授權和他們一直以來對高先生及其家人的關注與支持。同時感謝「大紀元」、「希望之聲」、「自由亞洲電台」、「中國人權雙周刊」的授權同意轉載。我編寫的系列故事和詩歌作品均發表在「大紀元」網站，因此要感謝林芳宇與其他編輯的辛勤工作。

　　「對華援助協會」的傅希秋牧師一直致力於中國的人權進步和人道援助，他對高智晟及其家屬給予了莫大的關心、安慰、支持和幫助。「希望之聲」國際廣播電台的資深編輯齊玉女士不僅自己編寫、播報有關高智晟的文章，而且也曾經朗誦了我的詩歌《母親的窯洞》並製作了錄音。她美麗的聲音讓高智晟與他母親的光輝形象在全球傳播。傅希秋牧師和齊玉女士二位在百忙之中為本書寫序，我由衷地不勝感激。

感謝博大出版社能夠接受出版，尤其是洪社長長期對高智晟及其家人的關注與支持。博大出版社在 2007 年推出的高智晟文集《神與我們並肩作戰》的英文版 Gao Zhisheng: A China More Just，對西方自由世界認識、關心和支持高智晟及其他所進行的偉大事業起了很大的作用，至今依然具有影響力。例如，Adam Jon Miller 最近在英文網站上發表了題爲「寫作是人權、高智晟與『眞正的英雄』」的散文，其中包括了他的一首奇特而寓意深刻的詩歌「眞正的英雄」，稱讚高智晟是他心目中的一位眞實的、 眞正的英雄。博大出版社的蘭亭編輯和姿瑤設計師爲本書的編輯、編排盡心盡力地付出了辛勞，本人非常感激。除了胡佳先生提供並授權使用的封底的相片以及耿和提供的「高智晟浮雕」頭像的相片之外，本書中所用的圖片均來自博大出版社，感謝這些圖片的擁有者。最後要感謝我的太太，她經常性地對我的寫作給予了關心與支持。

人名索引（按姓氏拼音）

國家圖書館出版品預行編目 (CIP) 資料

高智晟：中國的良心、勇氣與脊樑 / 韓亦言編著 . -- [臺北市] ：
博大國際文化有限公司 , 2024.05
224 面 ; 14.8 x 21 公分
ISBN 978-626-98136-1-2（平裝）

1.CST: 高智晟 2.CST: 律師 3.CST: 傳記

782.887   113006498

高智晟──中國的良心、勇氣與脊樑

編著：韓亦言
編輯：黃蘭亭
美術編輯：吳姿瑤
封面設計：吳姿瑤

出版：博大國際文化有限公司
電話：886-2-2769-0599
網址：http://www.broadpressinc.com
台灣經銷商：采舍國際通路
地址：新北市中和區中山路 2 段 366 巷 10 號 3 樓
電話：886-2-82458786
傳真：886-2-82458718
華文網網路書店：http://www.book4u.com.tw
新絲路網路書店：http://www.silkbook.com
規格：14.8cm ×21cm
國際書號：ISBN 978-626-98136-1-2（平裝）
定價：新台幣 320 元
出版日期：2024 年 5 月